세상을 치유하는 96가지 사랑 이야기

소망상자

소망상자 사랑편

찍은날　2013년 11월 22일
펴낸날　2013년 11월 26일
지은이　류중현
펴낸이　장상태
펴낸곳　소망플러스
　　　　서울시 서초구 서초동 1355-3 서초월드오피스텔 1605호
전 화　02-6415-6800
팩 스　02-523-0640
이메일　is6800@naver.com
블로그　http://blog.naver.com/is6800

등 록　2007년 4월 19일
신고번호　제 2007-000076호

Copyright@소망플러스

ISBN 978-89-959549-4-2

값은 표지에 있습니다.

지하철 사랑의 편지 모음집 2권

소망
사랑편
상자

류중현 지음

지치고 힘들 때 소망상자를 열어보시면,
96개의 사랑이 당신의 삶을 보석처럼 빛나게 할 것입니다.

소망플러스

이 책을 추천하며 | 손봉호 교수 (서울대 명예교수) 06
이 책을 추천하며 | 홍정길 목사 (남서울은혜 교회 원로목사) 08

1. 이 세상 모든 사랑은 어머니, 아버지로부터 시작되었습니다.

눈보라 속에서 핀 어머니의 사랑 12 다시 태어난다면 어머니의 어머니로 14
어머니와 풀빵 16 어머니의 얼굴 18 성공을 가져다주는 힘 20
가문을 세운 맹인 어머니 22 아들의 뒤늦은 후회 24 가장 소중한 존재 26
어버이날의 유래 28 사무엘 존슨의 눈물 30 네루의 옥중 편지 교육 32
신발 수선하는 아버지 34 닭 다리 36 아빠 펭귄의 사랑 38 아버지의 가치 40
아버지와 함께한 아이의 지능 42 아버지의 보이지 않는 수고 44

2. 이 세상을 넉넉하게 이길 힘은 가족 사랑에서 나옵니다.

가족의 힘 48 아버지를 팝니다 50 프뢰벨과 유치원 52
뇌종양 엄마의 행복한 고민 54 딸의 질문 56 대니 보이 58
마크 맥과이어를 일으킨 힘 60 줄리 잉스터의 가족 사랑 62 천 원의 가치 64
로버트 킹씨 가족 66 TV를 끄고 가족과 함께 68 만 원으로 얻은 행복 70 그냥 72

C·O·N·T·E·N·T·S

펄 벅 여사의 장애인 딸 74 사랑이 머무는 자리 76 가장 소중한 것 78
부활절 초콜릿 80 아이 하나를 더 낳아라 82 때가 이르기 전에 84
사랑받지 못한 자 86 할아버지의 사랑 88 황혼의 사랑 90 아내의 자전거 92
성공의 힘 94 천국으로 보낸 메시지 96 진정한 영웅 98 백범의 아내 100
여보와 당신 102 매월 돌아오는 결혼기념일 104 남편을 팝니다. 106
가난한 행복 108 말의 차이 110 이해의 차이 112 서로 달라요 114 말아톤 116
이천 원짜리 넥타이 118 쓰러지는 아이들 120 따뜻한 말 한마디 122
당신은 좋은 부모입니까? 124 자녀 사랑의 방법 126

3. 이 세상을 치료하는 힘은 바로 사랑입니다.

살맛 나는 세상을 꿈꾸며 130 메트로놈에 담긴 우정 132
장수하는 비결 134 눈높이 교육 136 물 한 컵에 담긴 권위 138 훔쳐 먹은 분유 140
한 사람에 대한 관심 142 추사 김정희와 제자 이상적 144 아침 친구 146
용서와 사랑 148 장애인과 함께하는 사회 150 사랑은 실천입니다 152
사탕 폭격기 154 승무원의 헌신 156 축복된 삶 158 국무장관의 배려 160
봉사하는 대통령 162 3초의 여유 164 웰링턴과 탈영병 166
오드리 헵번의 마지막 편지 168 표정근 170 강도와 신경통 172
의료선 유트란디아 174 아이를 위한 소원 176 헨리 이야기 178
중양절의 유래 180 우츄프라카치아 182 사랑 우표 184 위대한 승리 186
증오가 남긴 것 188 유일한 유언장 190 대가를 바라지 말 것 192 주는 기쁨 194
작은 관심 196 소록도의 어머니 198 소년의 꿈 200 나는 영원히 살 것입니다 202
그린치는 어떻게 크리스마스를 훔쳤을까? 204 LA 노숙자들의 Mama 206

이 책을 추천하며

한 사람의 됨됨이와 그 사람의 가치는 그의 생각에 의해서 결정됩니다. 그런데 생각이란 사람이 태어날 때 가지고 나오는 것이 아니라 이 세상에 살면서 주위로부터 받아들인 정보에 의해 형성됩니다. 그러므로 좋은 말을 듣고 멋진 글을 읽으며 다른 사람들의 훌륭한 행동을 관찰하는 것은 우리의 인격을 다듬는 좋은 방법입니다.

지하철은 승객들에게 조금은 무료한 공간입니다. 그 시간을 가장 유용하게 사용하는 방법 중의 하나는 바로 좋은 글을 읽고 생각하는 것입니다. 그동안 교통문화선교회에서 '사랑의 편지'를 지하철 역내에 게재하여 승객들의 무료한 시간을 잘 이용하도록 도와주었습니다. 짧으면서도 생각과 반성을 자극하는 좋은 글들이었습니다. 많은 사람에게 훌륭한 정신적 양식을 제공했고, 큰 감동을 주었으며, 그들의 생각과 인격 형성에 매우 긍정적인 영향을 끼쳤습니다. 삶의 모습을 바꾼 사람도 있었을 것입니다. 이런 봉사를 해주신 류중현 목사님과 선교회에 깊은 감사를 드립니다.

이제 이 편지들을 모아 「소망상자」라는 이름의 책이 만들어졌습니다. 누구든지 시간을 내어 읽을 가치가 충분한 아름다운 글들입니다. 많은 분들이 이 책을 나누길 바라는 마음으로 추천하는 글을 남깁니다.

손 봉 호 교수 (서울대 명예교수)

이 책을 추천하며

1973년, 미국에서 발행된 '사랑우표'는 10년 동안 무려 3억 3천만매가 팔렸습니다. 이 우표가 역사상 최고의 판매실적을 얻게 된 원인은 미국인들의 사랑에 대한 갈증에 있었습니다. 경제가 급성장하고 사회는 다양하게 변해갔지만 그 속에 인간의 존엄성과 사랑에 대한 가치는 없었습니다. 이것은 인간에게 있어서 먹고 사는 문제보다 더욱 중요한 것이 바로 사랑이라는 것을 우리에게 가르쳐주는 역사적인 증거입니다.

지금까지 '사랑의 편지'는 지하철에서, 기차역에서 30여 년을 국민들의 발걸음과 함께 걸어왔습니다. 뿐만 아니라 단행본, 홈페이지, 이메일과 월간지로 발전하면서 그 역사를 이어왔습니다. '사랑의 편지'가 이렇게 오랫동안 사랑을 받을 수 있었던 것도 어찌 보면 우리 사회가 사랑이 부족하기 때문인지도 모르겠습니다.

'사랑의 편지'가 이제 「소망상자」라는 제목의 한 권의 책이 되었습니다. 제목처럼 우리 삶의 간절한 소망이 담겨 있는 책입니다. 「소망상자」는 과도한 입

시와 경쟁에 지친 친구들에게 위로가 되어줄 것입니다. 그리고 외로움과 상실감으로 고통 받는 이웃들에게 가슴을 열고 대화할 수 있는 소중한 친구가 되어줄 것입니다. 이런 분들에게 이 책을 추천합니다. 그리고 희망으로 내일을 여는 모습을 기대합니다.

홍 정 길 목사 (남서울은혜 교회 원로목사)

이 세상 모든 사랑은
어머니, 아버지로부터
시작되었습니다.

눈보라 속에서 핀 어머니의 사랑

1865년 겨울, 갓난아이를 품은 한 여인이
사우스 웨일즈의 눈보라 치는 언덕을 넘어가고 있었습니다.
심하게 몰아치는 눈보라는 시야를 가릴 뿐만 아니라,
방향감각까지도 잃게 만들었습니다.
여인은 안고 있는 아이라도 살리기 위해
고함을 치면서 도움의 손길을 찾았습니다.
그러나 여인의 애절한 외침은 강한 바람과
깊은 눈밭에 묻히고 말았습니다.
하루가 지난 뒤 구조대원들은 실종된 이 여인을 찾아 나섰습니다.
몸을 숨길 만한 곳은 모두 찾았지만, 안타깝게도 여인은
눈 속에서 이미 싸늘한 주검이 된 채로 발견되었습니다.
안타까운 마음으로 시신을 수습하는데 놀라운 일이 벌어졌습니다.
여인이 꼭 품고 있던 아이가 여전히 숨을 쉬고 있었던 것입니다.
아이는 어머니의 얼굴도 모릅니다.

그러나 마음속에는 늘 자신의 목숨과 바꾼
어머니의 헌신적인 사랑을 깊이 간직한 채 자라납니다.
세월이 흘러 이 아이는 변호사와 재무장관을 거쳐
영국의 수상이 되었습니다.
뛰어난 리더쉽을 발휘하며 많은 업적을 남겼지만,
그중에 가장 높이 평가받는 것은 사랑이 담긴 복지제도입니다.
그는 바로 영국의 제53대 수상인
'데이비드 로이드 조지(David Lloyd George)'입니다.

헌신적인 사랑은 씨앗이 되어 더 큰 사랑으로 자라납니다.
아이의 마음속에 늘 자리 잡고 있던 어머니의 사랑이
많은 사람들을 위한 복지제도로 다시 태어난 것입니다.
이 세상을 살리는 사랑, 그것은 어머니의 사랑에서 출발합니다.

다시 태어난다면 어머니의 어머니로

한 아이가 뇌성마비로 태어났습니다.

아이가 학교에 진학할 나이가 되자 어머니는 선택의 기로에 섭니다.

아이를 장애인 학교로 보낼지, 일반인 학교로 보낼지

고민하던 어머니는 고심 끝에 일반인 학교를 선택합니다.

부모의 기대와 달리 아이는 적응이 어려웠습니다.

친구들의 놀림과 따돌림을 당한 아이는

점점 폐쇄적이고 비관적으로 변해 갔습니다.

매일 아침 어머니와 아이의 전쟁이 시작되었습니다.

아이는 학교에 가기 싫어 바닥에 드러누웠고,

심지어 자신의 불행을 모두 어머니의 탓으로 돌리며 불평했습니다.

어머니는 그때마다 눈물로 고통을 삼켜야 했습니다.

모든 것을 포기하고 싶었지만, 끝까지 참고 인내하며 아이를 위로했습니다.

"이 세상에 완전한 사람은 없단다.

사람들은 모두 부족함을 가지고 살아간단다.

너의 장애는 단지 부족함이 눈에 보이는 것일 뿐이란다.

진짜 불행은 자신의 부족함을 깨닫지 못하는 데 있단다.

자신의 부족함을 깨닫고 겸손하며 환경에 감사하는 사람이

진정으로 건강하고 행복한 사람이란다."

아이는 어머니의 격려와 눈물과 기다림 속에서

중학교와 고등학교를 마치게 되었고,

고등학교 졸업식 날, 학생 대표로 연단에 올랐습니다.

그리고 구석에서 눈물을 닦고 있는 어머니를 바라보며 이렇게 말합니다.

"만일 내가 다시 태어난다면, 우리 어머니의 어머니로 태어나고 싶습니다.

그래서 내가 받은 사랑에 보답하고 싶습니다."

아들은 이 땅에서 어머니의 사랑을 다 갚을 수 없다는 것을 알았던 것입니다.

우리는 이 세상을 살면서 어머니의 사랑을 다 갚을 수 있을까요?

그 무엇으로도 갚을 수 없는 큰 사랑이 바로 어머니의 사랑이 아닐까요?

지치고 어려울 때마다 나를 돌보아 주시고 기다려 주신 그 사랑을

생각해 봅시다.

때로는 고달프고 힘든 이 세상을 넉넉하게 품고도 남음이 있을 겁니다.

어머니와 풀빵

보릿고개 시절 동네 어귀에서는
풀빵 장수 아주머니 때문에 일어난
보릿자루 소동을 종종 볼 수 있었습니다.
비 오는 날이면 더욱 진하게 풍기던 풀빵 냄새는
돈 구경 못한 아이들이 보릿자루라도 들고 나와
기어코 풀빵을 사게 만드는 마력을 뽐냈습니다.
그 당시 어머니는 읍내에 장이 서는 날이면
집에서 키운 닭 몇 마리와 직접 재배한 마늘, 고추, 참깨 등을 머리에 이고
30리 넘는 흙길을 걸어 장터에 내다 파셨습니다.
내 어머니는 하루 종일 얼마 팔지도 못하고
해 질 무렵이 되어서야 돌아오셨습니다.
바구니에는 언제나 풀빵을 챙기는 것을 잊지 않으셨습니다.
풀빵 값이면 버스를 타고 올 수도 있었지만,
어머니는 단 한 번도 풀빵을 포기하신 적이 없었습니다.

우리 8남매에게 풀빵이 하나씩 돌아가고 난 후

간혹 한두 개 남을 때면 나는 아들이라는 특권으로

하나 더 포개어 주시곤 하셨습니다.

차갑게 식어 굳어버린 풀빵이 그땐 왜 그렇게 맛이 있었을까.

나는 그 풀빵을 대가로 어머니가 얼마나 먼 길을 힘들게 걸어오셨는지

전혀 관심도 없이 혹시 다른 동생에게 빼앗길까 봐 허겁지겁 먹었습니다.

자식들이 풀빵을 맛있게 먹고 있을 때

내 어머니는 부엌 구석에서 찬물로 배를 채우셨습니다.

해가 가면 잊힐까, 늙으면 희미해질까, 손자를 보면 사라질까.

어머니 부르튼 발이 만리심(萬里心)이 되어 5월의 밤 별을 헤아리게 합니다.

어머니! 그때 배가 얼마나 고프셨나요?

어머니! 그때 다리가 얼마나 아프셨나요?

어머니! 그때 머리에 인 짐이 얼마나 무거우셨나요?

늙어 가는 세월 따라 사노라니

그리운 마음에 이렇게 불러봅니다. 어머니! 어머니!

어머니의 얼굴

미국 뉴욕 리버티 항에 있는 '자유의 여신상'은
1886년에 미국 독립 100주년을 기념하여 프랑스가 기증한 것입니다.
'세계를 비추는 자유'로 불리는 이 여신상은
프랑스 조각가 '프레데릭 오귀스트 바르톨디(Frédéric Auguste Bartholdi)'가
제작을 맡았습니다.
동상 제작을 의뢰받은 바르톨디는 최고의 작품을 만들어야 한다는
부담감으로 잠을 잘 수가 없었습니다.
작품 구상을 위해 멀리 외국으로, 세계 각처의 박물관으로
동상의 모델을 찾아다녔지만 모두 헛수고였습니다.
고민이 계속되던 어느 날, 문득 자신을 위해 평생을 헌신한
어머니의 얼굴이 떠올랐습니다.
"그래, 바로 이 얼굴이다."
자식을 위해서라면 어떤 역경과 고난도 참아내시는 어머니…….

바르톨디는 어머니의 얼굴이야말로

진정한 자유와 독립의 상징이라고 확신했습니다.

그리고 그가 만든 '세계를 비추는 어머니의 얼굴'은

100년이 넘도록 미국을 상징하는 가장 아름다운 동상으로 남아 있습니다.

이 세상에 아직도 사랑이 존재하는 이유, 그것은

모든 사람에게 어머니의 사랑에 대한 기억이

남아 있는 까닭이 아닐까 생각해 봅니다.

이 사랑이 자아를 실현시키는 자유와

새로운 발전을 위한 독립의 기초가 되는 것 같습니다.

성공을 가져다주는 힘

미국의 20대 대통령이었던 가필드의 취임식 날이었습니다.

행사에 참석한 사람들은 단상을 바라보며

대통령이 나오기만을 기다리고 있었습니다.

그러나 어찌 된 일인지 대통령은 나타나지 않았습니다.

사람들은 수군거리기 시작했고

대통령의 이해할 수 없는 행동에 불쾌감을 표하기도 하였습니다.

한참이 지난 뒤 대통령은 노인 한 명을 부축하며

함께 취임식장으로 들어섰습니다.

그 노인은 다름 아닌 자신의 어머니였습니다.

대통령은 고령인 어머니가 취임식장에 가지 않겠다고 하자

끝까지 설득해서 모시고 오느라 늦었던 것입니다.

가필드 대통령은 취임 연설에서 이렇게 말했습니다.

"이것은 모두 어머니의 은혜입니다. 어머니의 말씀을 따르고

순종하였기에 오늘날 대통령의 자리에 앉게 된 것입니다."

아무리 크게 성공한 사람이라고 해도

혼자만의 힘으로 그 위치에 오른 사람은 거의 없습니다.

그들 곁에는 늘 자신을 지지해 주는 부모가 있었습니다.

가필드의 경우에도 어머니의 보이지 않는 손길과 지지가 있었기에

대통령의 자리에 오를 수 있었던 것입니다.

이러한 사실을 얼마나 가슴 깊이 새기고 기억하느냐에 따라

그 사람의 성공에 대한 평가가 달라지지 않을까요?

가문을 세운 맹인 어머니

약봉 서성 선생은 조선 시대에 여러 관직에 올랐던 행정가입니다.

그의 어머니는 건강이 좋지 않아 혼인할 무렵에 시력을 잃었을 뿐 아니라

약봉을 낳은 지 3년 만에 남편을 잃었습니다.

또한 시부모와 친정 부모까지 일찍 세상을 떠나

돌봐주는 사람 없이 홀로 아이를 키워야만 했습니다.

고향인 대구를 떠나 한양으로 올라간 어머니는

앞이 보이지 않았음에도 약과를 만들어 팔면서 생계를 유지했습니다.

어려운 형편이었지만 아들을 위해

율곡 이이 선생의 문하생으로 들어가게 했습니다.

그리고 '착한 일을 하는 데 게으르지 말라' 는 뜻의 '물태위선(勿怠爲善)' 을

가훈으로 삼아 자녀에게 인품을 항상 강조하는 교육을 시켰습니다.

이후 아들 약봉은 관직에 올라 주요한 요직들을 두루 거치게 됩니다.

뿐만 아니라 훗날 약봉의 가문은 약봉의 아들이 우의정에 오르고 손자는

영의정에 오르는 등 조선 시대에 9명의 정승을 배출하는 보기 드문

명문가가 됩니다.

약봉의 어머니는 앞도 보지 못하고 의지할 가족도 없는 어려운 상황에서도

자녀들에게 올바른 길을 가르치며 조선 최고의 명문가를 만들어 낸 것입니다.

어머니는 세상에서 가장 강한 사람입니다.

어머니는 자식을 위해서라면 어떤 장애도 극복할 수 있습니다.

자식을 위하는 일이라면 어머니에게 불가능이란 없습니다.

아들의 뒤늦은 후회

몸살감기가 심했던 어느 날, 아내는 아이들과 친정에 가 있었기에
나는 혼자서 지독한 감기와 싸워야만 했습니다.
겨우 일어나 따뜻한 차 한 잔을 마시려고 주방으로 갔습니다.
컵을 찾다가 난장판이 되어 있는 주방을 보고는
하는 수 없이 천근만근 무거운 팔을 움직여 설거지를 했습니다.
주방을 정리하고 뿌듯한 마음으로 식탁에 앉아 따뜻한 차를 마셨지만
여전히 두통과 기침으로 몸은 힘들었습니다.
그 순간 혼자 있는 게 서글퍼져 아내에게 문자를 보내
투정 아닌 투정을 부리고는 자리에 누웠습니다.
눈을 감으려는데 문득 어릴 적에 어머니가 차려주셨던 저녁상이 생각났습니다.
그때 어머니는 지금 내가 앓고 있는 몸살감기로 고생하고 있었습니다.
어머니는 상을 차리는 내내 기침을 심하게 하셨습니다.
결국 반찬을 식탁에 내려놓으실 때 참지 못하고
음식 위로 기침을 몇 번 하셨습니다.

그때 못난 아들은 아픈 몸으로 저녁상을 준비한 어머니에게 이렇게 말했습니다.

"아이 참, 손으로 가리던가 하지."

어머니는 음식을 내려놓기 바빠 미처 손으로 입을 가릴 수 없었을지도 모릅니다.

그럼에도 불구하고 어머니는 저에게 이렇게 답했습니다.

"미안해……."

그때 어머니도 나처럼 많이 아팠을 거라고 생각하니,

가슴 한편이 시려왔습니다.

오랜 시간이 지났지만, 이제야 못난 눈물이 눈가에 맺혔습니다.

아무리 아파도 아프다고 말할 수 없고

겉으로 티조차 낼 수 없는 사람이 있다면

그건 아마도 우리의 어머니들이 아닐까요?

어머니이기에 마음껏 투정 부릴 수도, 짜증 낼 수도,

아플 수도 없다는 것을

우리는 왜 많은 시간이 흘러서야 깨닫게 되는 걸까요?

가장 소중한 존재

작가 최인호의 소설 「사랑의 기쁨」에 나오는 내용입니다.

주인공 채희의 어머니는 20대 후반에 이혼한 뒤

30년간 홀로 자식을 키우다 병으로 죽게 됩니다.

장례식이 끝난 뒤 어머니의 유품을 정리하던 채희는

낡고 오래된 편지 한 통을 발견하게 됩니다.

편지를 읽으며 과거 어머니에게

연인이 있었다는 사실을 알게 된 채희는 깜짝 놀랍니다.

어머니의 연인은 독신의 대학교수였고 두 사람의 인연은

어머니가 이혼한 후 10년째 되던 해부터 시작되었습니다.

채희는 어머니가 사랑하는 사람이 있었음에도

재혼하지 않았던 이유가 궁금했습니다.

어머니가 사랑했던 대학교수를 찾아간 채희는 어머니의 소천 소식을

전하며 과거 어머니와 인연이 이어지지 않은 이유를 물었습니다.

그는 어머니와 결혼할 수 없었던 이유가 담긴 편지를 보여주었습니다.

편지지에는 예쁘지 않은 글씨로 이렇게 쓰여 있었습니다.

"한 여자로서 당신을 이 세상 누구보다 사랑하지만

저는 어머니로서 제 딸을 더 사랑한다는 것을 알았습니다.

제 딸을 사랑하기에 딸에게 상처를 줄 수 없습니다."

채희는 어머니에게 자신이 얼마나 소중한 존재였는지를

비로소 깨닫게 되었습니다.

연인을 향한 어머니의 사랑은

자식을 향한 사랑보다 결코 앞설 수 없었던 것입니다.

우리는 모두 어느 누군가에게 소중한 존재입니다.

누군가에게 있어 소중한 존재임을 깨닫게 되었을 때

진정한 삶의 의미를 찾을 수 있습니다.

사랑을 표현하지 못한 사람이 곁에 있다면

지금 바로 주저 말고 다가가 따뜻한 사랑의 말을 전하세요.

사랑은 표현할수록 깊어집니다.

당신이 전한 그 사랑이 한 사람을 가치 있게 만들어 줄 것입니다.

어버이날의 유래

지금으로부터 약 100년 전 미국 버지니아 주에
'안나 자이비스(Anna Jarvis)' 란 소녀가 어머니와 함께 살고 있었습니다.
어머니는 갑작스럽게 숨을 거두었고
안나는 깊은 슬픔 속에서 어머니를 떠나보내야만 했습니다.
장례식 후 안나는 묘비 주위에 평소 어머니가 좋아하시던
카네이션을 심었고 매일같이 꽃을 가꾸면서
어머니에 대한 그리움을 가슴에 품고 살았습니다.
소녀가 사는 마을에는 정기 모임이 있었는데
하루는 흰 카네이션을 가슴에 달고 나갔습니다.
사람들은 꽃의 의미를 물었고 안나는 어머니가 그리워
어머니 묘소에 심은 흰색 카네이션과 같은 꽃을 달고 나왔다고 말했습니다.
마을 사람들은 안나의 행동에 감동을 받고 카네이션을
가슴에 달기 시작합니다. 이 모습이 전국에 알려지면서
어버이날이 만들어지는 계기가 되었습니다.

그리고 안나의 뜻을 기려 살아 계신 부모님에게는 붉은색 카네이션을
선물하고, 부모님이 돌아가신 자녀들은 흰색 카네이션을 가슴에 꽂는
전통이 생겼습니다.

어버이날은 어머니와 더 많은 시간을 함께 하고팠던
소녀 안나 자이비스의 마음을 함께 나누는 날입니다.
우리에게 1년 365일, 모든 날이 어버이날이 되었으면 하는 바람입니다.

사무엘 존슨의 눈물

영국의 시인이자 평론가인 '사무엘 존슨(Samuel Johnson)'은
어느 무더운 여름날, 시장 한쪽 구석에서 몇 시간을 우두커니 서 있었습니다.
지나가는 사람들이 존슨을 알아보고 인사를 하거나 말을 걸어도
아무런 대답도 없이 머리를 숙인 채 눈물만 닦고 있었습니다.
지나가던 제자가 스승을 발견하고는 옆으로 다가옵니다.
스승 존슨의 낯설고 이상한 행동에 걱정이 되어 묻습니다.
"선생님, 왜 이렇게 계속 서 계십니까?"
"사실 50년 전, 우리 아버지께서 이 자리에서 헌책 장사를 하셨다네.
어느 날 장사를 하기 위해 일어나셨지만 몸이 몹시 안 좋으셨는지
나에게 그날 하루만 대신 시장에 나가 장사를 해줄 수 있냐고 물으셨지."
"스승님은 뭐라고 대답하셨나요?"
"우리 집이 헌책 장사를 하는 것도 창피한데
내가 그런 일을 어떻게 하냐며 거절했지.
그런데 너무 무리를 했던 탓인지, 아버지는 그날 이후 몸이 약해져서

시름시름 앓다가 돌아가시고 말았다네.

오늘은 그때의 기억이 지워지지 않아 이 자리를 떠날 수가 없다네."

사무엘 존슨은 50년이 지난 후에도 아버지의 부탁을 거절한

자신의 행동을 잊을 수가 없었던 것입니다.

부모님의 남은 생은 우리보다 훨씬 짧습니다.

시간은 기다려 주지 않습니다.

부모님의 작은 부탁 하나라도 가볍게 여기지 말고,

순간순간 최선을 다하시기 바랍니다.

당장 오늘부터 조금이라도 시간을 내어 부모님과 함께하는 것은 어떨까요?

네루의 옥중 편지 교육

인도 최초의 수상 '자와할랄 네루(Jawaharlal Nehru)'는
독립운동을 하다가 아홉 번이나 감옥에 갇혔습니다.
설상가상으로 그의 아내마저 감옥에 끌려가자 집에는
13살 된 딸만 홀로 남게 되었고, 딸은 고아처럼 지내게 되었습니다.
아버지는 혼자 지내는 딸에 대한 그리움과 걱정으로
2년 동안 감옥에서 편지를 썼습니다.
하루도 거르지 않고 보낸 편지에는
딸을 향한 아버지의 사랑과 역사관, 애국심,
그리고 올바른 세계관을 갖기를 바라는 내용들이 담겨 있었습니다.
비록 아버지와 함께 시간을 보내지는 못했지만
네루의 딸은 아버지의 사랑과 가치관을 이해하고
그 가르침대로 살고자 노력했습니다.
이후 그녀는 인도 최초의 여성 총리가 되었으며,
두 번이나 총리의 자리에 오르게 됩니다.

그녀가 바로 인도에서 가장 존경받는 여성 지도자
'인디라 간디(Indira Gandhi)' 입니다.
그리고 감옥에서 딸을 위해 하루도 빠지지 않고 썼던
아버지의 편지는 '세계사 편력' 이라는
책으로 출간되어 전 세계의 베스트셀러로
많은 사람들의 사랑을 받고 있습니다.

지금 우리는 자녀들에게 무엇을 가르치고 있습니까?
높은 성적과 좋은 학교에 진학하는 것에 만족하십니까?
자녀가 올바른 가치관을 가지도록 관심과 사랑으로 돕는 것이
바로 자녀를 훌륭한 인물로 키워내기 위한 부모의 역할이 아닐까 합니다.

신발 수선하는 아버지

미국의 16대 대통령인 링컨의 아버지는 신발 제조공이었습니다.

링컨이 대통령이 되었을 당시 대부분의 정치인들은

명문 귀족 출신이었습니다.

링컨의 정적이었던 이들은 신발 제조공의 아들이

대통령이 된 것을 못마땅하게 여겼습니다.

대통령 취임식에서 연설하는 링컨에게

한 상원 의원이 거만한 말투로 이렇게 말했습니다.

"당신이 대통령이 되다니 정말 놀랍소.

나는 가끔 우리 식구들의 신발을 만들기 위해

우리 집을 찾아왔던 당신 아버지를 본 적이 있다오."

여기저기서 비웃는 소리가 들려왔습니다.

그러나 링컨은 눈물을 머금은 채 이렇게 말했습니다.

"고맙습니다. 의원님 덕분에 잊고 있던 아버지의 얼굴이 기억났습니다.

내 아버지는 훌륭한 신발 제조공이셨습니다.

이 자리에 모이신 분들 중에 내 아버지가 만드신 신발을
신으신 분들도 계실 것입니다. 만약 신발이 불편하다면
아버지에게 배운 솜씨로 제가 손봐 드리겠습니다.
물론 아버지의 솜씨와 비교할 수는 없지만요."

아버지가 비록 세상에서 존경받지 못하는 직업을 가졌더라도
우리는 아버지에 대한 존경심을 늘 가져야 합니다.
왜냐하면 세상의 모든 자녀는 아버지의 피와 땀으로
지금의 자리에 존재할 수 있었기 때문입니다.
아내와 자녀를 위한 아버지의 위대한 헌신을 잊지 마시기 바랍니다.

닭 다리

어렸을 적 식구들과 함께 먹었던 야식 중에서 단연 최고는 통닭이었습니다.

갈색 종이봉투에 담겨진 따끈따끈한 통닭은

이미 그 구수한 냄새에서부터 어린 저희 형제를 흥분하게 만들었습니다.

그리고 통닭에 얌전하게 붙어 있는 닭 다리 두 쪽은

예약이라도 한 듯 형과 제가 사이좋게 나눠 먹었습니다.

언젠가 제가 아버지께 닭 다리를 권했을 때,

이렇게 말씀하셨던 기억이 납니다.

"난 닭 다리 별로 안 좋아해. 너희들이나 많이 먹어라."

아마 그때 이후로 저는 아버지께서

닭 다리를 안 좋아한다고 믿어왔던 것 같습니다.

얼마 전, 여덟 살 난 아들이 통닭을 먹고 싶다고 졸라대어서

귀가하던 길에 따끈따끈한 통닭 한 마리를 사들고 집으로 갔습니다.

아들 녀석은 저보다도 통닭을 더 반겼습니다.

닭 다리 한쪽을 뜯고 난 아들은 남은 닭 다리 하나를 제게 건넵니다.

"아빠도 닭 다리 한쪽 드세요."

놀랍게도 저는 수십 년 전에 아버지께서

제게 했던 말을 아들에게 그대로 했습니다.

"아빠는 닭 다리 안 좋아해. 너나 많이 먹으렴."

문득 어릴 때 들었던 아버지의 그 말씀이 떠올라 가슴이 메어옵니다.

이제 제 삶에도 닭 다리 먹을 일이 흔치는 않을 듯합니다.

이번 주말에는 꼭 아버지께 통닭 한 마리를 사드리고 싶습니다.

그리고 아버지 손에 닭 다리 한쪽을 쥐어드리고 싶습니다.

아빠 펭귄의 사랑

남극에 사는 펭귄은 알을 낳을 때
아빠 펭귄의 발등 위에 낳는다고 합니다.
아빠 펭귄의 발등에 있는 부드러운 털이
극심한 추위 속에서 펭귄 알을 보호할 수 있기 때문입니다.
아빠 펭귄은 알이 부화할 때까지 60일 동안 꼼짝하지 않고
선 채로 지냅니다. 알이 부화한 뒤에도 새끼들의 털이 자랄 때까지
보호는 계속됩니다. 알을 낳은 후 체력 회복을 위해 바다로 돌아갔던 엄마
펭귄이 돌아오면 아빠 펭귄은 바다로 나가 새끼들을 위해 먹이를 먹어
몸속에 저장한 후 돌아와 반추하여 새끼들의 입으로 넣어줍니다.
이처럼 펭귄은 부성애를 가장 잘 보여주는 동물입니다.

초등학교 4학년 아이들을 대상으로 '아빠'에 대한 설문조사를 했습니다.
많은 학생들은 자신의 아빠에 대해 '술 마시는 사람', '신문 보는 사람',
'잠자는 사람', '고함치는 사람' 등과 같이 부정적으로 표현했습니다.

이 결과는 아빠와 정서적 교감이나 스킨십이 적은 요즘 아이들의 현실을
보여주는 것 같습니다.

우리 사회의 아버지들이 사랑을 표현하는 데는 서툴지 몰라도
가족에 대한 희생만큼은 말 못하는 동물의 부성애에 비할 수 있을까요?
경제가 어려워지면 가족 중에서
가장 어깨가 움츠러드는 사람이 바로 아버지일 것입니다.
늘 가족을 위해 묵묵히 최선을 다하는 우리 아버지들을 위해
오늘 하루만큼은 감사와 사랑의 표현으로
꽁꽁 얼어 있는 마음을 녹여드리는 것이 어떨까요?
그 사랑의 한마디가 어떤 위기 속에서도
우리 아버지를 쓰러뜨리지 못할
최고의 에너지가 되어줄 것입니다.

아버지의 가치

아버지에 대한 자식의 가치관을 나이대별로 정리한 글이 있습니다.

4세 – "아빠는 무엇이든 할 수 있다."

7세 – "아빠는 아는 것이 정말 많다."

8세 – "아빠와 선생님 중 누가 더 높은 사람일까?"

12세 – "아빠는 모르는 것이 많다."

14세 – "우리 아버지요? 세대 차이가 많이 나요."

25세 – "아버지를 이해하지만, 기성세대가 이끌던 시대는
　　　　이미 지나갔어요."

30세 – "아버지의 의견도 일리가 있지요."

40세 – "여보! 우리가 이 일을 결정하기 전에 먼저
　　　　아버지의 의견을 들어봅시다."

50세 – "아버지는 훌륭한 분이셨어."

60세 – "아버지께서 살아 계셨다면 꼭 조언을 들었을 텐데……."

나이가 들수록 우리는 아버지보다 많은 지식을 가지고 있다고 생각합니다.

그러나 세월이 흐를수록 아버지보다 지혜가 부족하다는 것을 깨닫게 됩니다.

이 사실을 일찍 깨닫는 만큼 인생을 보는 안목이 넓어질 것입니다.

지금 이 순간 아버지의 이야기를 들을 수 있다면

당신은 행복한 사람입니다.

아버지와 함께한 아이의 지능

영국 뉴캐슬 대학의 연구진은 아버지와 자녀 간의 친밀도가 높을수록
자녀의 미래에 좋은 영향을 끼친다는 보고서를 발표했습니다.
연구진은 1958년에 태어난 영국인 남녀 1만여 명을 대상으로
아버지와 자녀와의 관계가 미치는 영향들을 조사했습니다.
우선 조사 대상자들 중 어린 시절 아버지와 독서, 여행 등
다양한 관계 형성을 이룬 사람들과 그렇지 못했던 사람들을 분류하고
그들의 사회적 신분과 지능의 관계를 분석했습니다.
결과는 놀랍게도 아버지와의 관계가 친밀했던 사람들이
상대적으로 지능지수가 더 높고
사회적으로도 신분 상승 능력이 더 큰 것으로 나타났습니다.

자녀를 잘 키우고자 하는 마음은 어느 부모나 마찬가지일 것입니다.
자녀들에게 줄 수 있는 가장 큰 가르침과 선물은 무엇일까요?
돈이나 좋은 환경보다 더 중요한 것은

어머니와 아버지의 따뜻한 관심일 것입니다.

특히 아버지에게 배우는 꿈, 용기, 지혜, 그리고 사랑은

자녀를 이 세상 그 누구보다 특별한 존재로 자라게 하는

최고의 영양제가 될 것입니다.

아버지의 보이지 않는 수고

다섯 명의 아들을 둔 아버지가 있었습니다.

그중 한 아들이 유난히 몸이 약하고 소극적이어서

늘 아버지의 마음에 근심거리였습니다.

하루는 아버지가 다섯 그루의 작은 묘목을 사왔습니다.

그리고 다섯 명의 자식들에게 하나씩 나누어주며

1년간 잘 길러보라고 하였습니다.

가장 잘 기른 아들에게는 선물을 주겠다는 약속과 함께 말입니다.

모두가 정성껏 나무를 길렀습니다.

약속했던 1년이 지났을 때 아버지는 아들들의 나무를 비교해 보았습니다.

놀랍게도 늘 아버지의 걱정거리였던 약한 아들의 나무가

가장 크고 아름답게 성장해 있었습니다.

아버지는 너무나 기쁜 마음으로 아들을 칭찬했습니다.

"너는 분명히 세상에서 가장 훌륭한 식물학자가 될 거야."

아들은 아버지의 칭찬에 기뻐하였고

더 열심히 나무를 기르겠다고 다짐했습니다.

다음 날은 여느 때와 달리 새벽같이 일어나 나무가 있는 곳으로 갔습니다.

그런데 깜짝 놀라고 맙니다. 아버지가 아무도 없는 숲에서 자신의 나무에
물을 주며 정성껏 돌보고 있었기 때문입니다.

그동안 아버지는 허약한 아들이 힘을 얻길 바라며
몰래 나무를 보살펴 준 것입니다.

훗날 아들은 식물학자가 아닌 미국을 이끄는 지도자가 됩니다.

미국의 32대 대통령인 프랭클린 루스벨트 대통령입니다.

그는 미국 역사상 유일하게 4선에 성공한 인물로 대공황을 슬기롭게
극복하면서 20세기 가장 사랑받는 미국 지도자로 이름을 남겼습니다.

아버지의 격려는 약한 아들도 강하게 만듭니다.

세상의 온갖 도전과 어려움을 이기는 힘은
학력과 경력이 아니라 내면의 힘입니다.

내면의 힘을 길러줄 수 있는 가장 중요한 위치에 있는 사람이
바로 아버지입니다.

자녀들을 할 수 있는 한 많이 격려해 주십시오.

자녀들이 자기 능력 이상의 에너지를 발견해
위대한 일을 해낼 수 있도록 말입니다.

2

이 세상을
넉넉하게 이길 힘은
가족 사랑에서 나옵니다.

가족의 힘

인도에서 의료 선교사로 활동했던

'폴 윌슨 브랜드(Paul Wilson Brand)' 박사는

자신의 환자들 중 몇몇에서 특이한 현상을 발견하였습니다.

환자들이 병원에서 수술을 받은 후 회복 중일 때

어떤 환자의 가족들은 집에서 만든 따뜻한 음식을 가져오고

밤에는 환자의 침대 밑에서 잠을 자는 것이었습니다.

그리고 환자가 통증으로 인해 깨어날 때면

그가 잠이 들 때까지 마사지를 해주었습니다.

브랜드 박사는 처음에 이런 가족들의 행동이

환자의 치료와 아무런 관련이 없고

비위생적일 뿐만 아니라 회복에도 도움이 되지 않을 것이라 판단했습니다.

그러나 시간이 지나면서 가족으로부터 정성껏 간호를 받은 환자들이

그렇지 않은 환자들에 비해 훨씬 적은 양의 진통제를 필요로 한다는

사실을 발견하게 됩니다.

브랜드 박사는 이후 의료 활동이란

단지 신체적 고통을 해결하는 것뿐만 아니라

환자들의 심리와 영적 고통까지 치료하는 차원에서

접근해야 한다는 새로운 개념을 발전시키며

현대 의학에 중요한 업적을 남깁니다.

아픈 상처는 의사에게 맡기되 두렵고 힘든 마음은

가족과 함께 나누는 건 어떨까요?

의사도 대신할 수 없는 자리가 바로 가족의 자리가 아닐까요?

인류 최고의 진통제는 바로 가족의 사랑입니다.

아버지를 팝니다

어느 날 신문에 아버지를 판다는 광고가 실렸습니다.

아버지는 노령이고 몸이 불편하신 분이라

일금 십만 원에 판다는 내용의 광고였습니다.

광고를 본 사람들은 자식을 욕하기도 하고

세상이 말세라며 탄식하기도 했습니다.

어느 젊은 부부가 이 광고에 나온 주소를 보고 이른 새벽에 방문을 합니다.

부부는 큰 집의 넓은 정원에서 화초에 물을 주고 있는 노인을 발견합니다.

주인으로 보이는 노인이 어떻게 왔느냐고 묻자,

부부는 아버지를 파신다는 분을 찾는다고 말했습니다.

노인은 젊은 부부에게 늙고 병든 노인을 데려다가

무엇에 쓸려고 하느냐고 물었습니다.

젊은 부부는 자초지종을 이야기했습니다.

"우리 부부는 어릴 때 부모를 여의고 고아처럼 살다 결혼을 했기 때문에

항상 부모에 대한 그리움이 가슴에 남아 있었습니다.

광고를 보고 이제 부모를 모실 기회가 왔다는 생각에 달려온 것입니다."

부부를 물끄러미 바라보던 노인은 부부가 정성스레 내민

아버지 값 십만 원을 받아 들고는 일주일 후에 다시 오라고 했습니다.

일주일 후에 다시 찾아온 부부에게 노인은 이렇게 말했습니다.

"사실 내가 자식이 없어 양자를 데려올까 생각했지만

요즘 젊은이들은 돈만 알기 때문에 진심으로 나를

아버지로 여길 사람을 찾고 있었다네.

이제 내 자식이 되었으니 이 집으로 이사를 오게나.

그리고 이 집과 내 재산은 이제 모두 자네들 것이네.

자네들의 아름다운 마음이 복을 불러들인 것이라네."

부모님이 연로하셔서 모셔야 할 상황이라면 어떻게 하겠습니까?

의무감으로 모시겠습니까? 아니면, 다른 형제에게 떠밀어 버릴 건가요?

우리가 부모의 헌신으로 건강하게 성장할 수 있었다면

이제는 우리가 나이 든 부모님을 섬겨야 하지 않을까요?

성경은 말합니다. "네 부모를 공경하라.

그리하면 네 하나님 여호와가 네게 준 땅에서 네 생명이 길고

복을 누리리라."

프뢰벨과 유치원

한 아이가 독일의 산골 마을에서 다섯 형제 중 막내로 태어났습니다.
태어난 지 9개월 만에 어머니는 세상을 떠났고,
아버지는 바쁜 일 때문에 자녀들에게 관심을 갖지 못했습니다.
결국 이 아이의 양육은 다른 사람의 손에 맡겨져야 했습니다.
아이가 다섯 살이 되었을 때 아버지는 재혼을 했습니다.
새엄마는 아이를 사랑하지 않았고
아이는 냉대와 학대 속에서 우울증과 대인기피증이 생겼습니다.
그러나 아이는 돌아가신 어머니가 주신 성경책을 늘 가까이 했습니다.
불우한 가정환경과 성격 장애를 앓고 있으면서도 성경을 통해서
어머니의 사랑과 자신이 살아가야 할 이유를 발견하게 되었습니다.
"나처럼 불우한 어린 시절을 보내는 어린이들을 위해
할 수 있는 일이 뭐가 있을까?"
그는 장성한 후 어린이를 사랑과 정성으로 가르치는
교육 기관을 만들기로 했습니다.

갖은 노력 끝에 이 당시 누구도 관심을 갖지 않았던
유아와 어린이들을 위한 유치원을 만들었습니다.
그가 바로 세계 최초의 유치원 설립자인
'프리드리히 프뢰벨(Friedrich Wilhelm August Frobel)' 입니다.

사랑받지 못하고 불우한 유년기를 보낸 프뢰벨이
자신의 인생을 불평하거나 세상을 원망하지 않고
유아 교육의 아버지이자, 세계 최초의 유치원 설립자가 될 수 있었던 이유는
바로 성경이 준 꿈과 비전이었습니다.
꿈과 비전은 아무리 어려운 환경이라도 극복할 수 있는 힘과 능력을 줍니다.

뇌종양 엄마의 행복한 고민

두 아이를 가진 어느 주부가 겪은 일입니다.
어느 날 갑자기 머리가 깨어질 듯이 아파서
병원에 갔습니다. 검사를 해보니 뇌종양이었습니다.
의사는 수술을 해야 한다고 말하며 성공보다는
실패할 확률이 훨씬 높기 때문에 가족들에게도
마음의 준비를 하라고 말해줍니다.
수술 날이 다가오자 그녀는 그동안 모아두었던 통장들을 꺼내
남편 앞에 내밀면서 이렇게 말합니다.
"혹시 내가 잘못되면 두 아이를 잘 키워줘요.
그리고 좋은 사람을 만나도 돼요."
아내가 수술실 앞에서 남편 손을 놓으면서 마지막으로
"미안해요."라고 말하자 평소 무뚝뚝했던 다부진 체격의 남편이
그만 그 자리에 털썩 주저앉아 버리고 맙니다.
오랜 시간이 걸린 수술은 다행히 성공적이었습니다.

회복실로 돌아온 엄마를 위해서 아이들은 저금통을 털어
큰아이는 가발을, 작은아이는 모자를 선물했습니다.

그녀는 병원 문을 나서는 날 기쁨으로 하늘을 날 듯했습니다.

예전에는 지겨웠던 고민들을 지금은 너무도 즐겁고 행복하게
떠올리며 집으로 걸어옵니다.

'오늘 아이들이 학교에서 돌아오면 어떻게 해줄까?

저녁 반찬은 무엇을 할까?

남편한테는 어떤 재미있는 말을 할까?

온통 행복한 궁리에 시간이 부족하다.'

일상의 사소한 일들이 지겹게 느껴질 때가 있습니까?

만약 오늘이 당신 인생의 마지막 날이라면, 그래서 오늘이 지나면 더 이상
가족들을 볼 수 없다고 한다면 과연 일상의 사소한 일들이
불평거리가 될 수 있을까요?

가족은 우리와 영원히 함께 할 수는 없습니다.

그 사실을 잊지 말고 기쁨과 즐거움으로 가정을 꾸며보는 것은 어떨까요?

딸의 질문

큰딸이 잠자리에 들기 전 기도해 줄 때였습니다.

딸이 갑자기 물어봅니다.

"아빠! 아빠는 살면서 언제가 제일 행복했어?"

딸의 질문에 미국 대통령이었던 지미 카터가 쓴

「나이 드는 것의 미덕」이라는 책이 떠올랐습니다.

그 책에는 지미 카터가 딸이 질문한 것과 비슷한

질문을 받은 일화가 나옵니다.

어떤 기자가 지미 카터에게 "당신은 흥미진진하고 도전적인

인생을 살았습니다.

그중 최고의 순간은 언제였습니까?"라는 질문을 합니다.

지미 카터는 "제가 주지사도 해보고, 대통령도 되어 보았지만

지금이 제 인생에서 최고의 순간인 것 같군요."라고 대답했습니다.

나도 딸에게 비슷한 대답을 해주었습니다.

"아빠는 너와 함께하는 지금 이 순간이 가장 행복한 시간이란다."

많은 사람들이 행복을 찾아 살아가지만

생각한 만큼 행복한 삶을 누리는 사람들은 많지 않아 보입니다.

그러나 행복한 인생을 사는 방법은 그리 어렵지 않습니다.

인생에서 가장 행복한 순간이 언제입니까?

많은 경우 일상의 작고 사소한 사건이

오래도록 기억에 남는 경우가 많습니다.

행복은 멀리 있지 않습니다.

지금 이 순간 나와 가까이 있는 사람들,

매일 보는 가족, 내게 주어진 것들에 참행복이 담겨 있습니다.

이것을 깨닫는 순간 행복한 인생을 살 수 있습니다.

대니 보이

세계적으로 사랑받는 아일랜드 민요 '대니 보이(한국 제목 : 아 목동아)'는
노래의 아름다운 선율만큼이나 가슴 아픈 사연을 담고 있습니다.
18세기부터 아일랜드는 잉글랜드의 식민 지배를 받았습니다.
아일랜드 국민들은 민족 차별을 받으며
가난하고 참혹한 삶을 살았습니다.
식민 지배를 벗어나기 위해 아일랜드는 무장투쟁을 벌였고
많은 젊은이들이 크고 작은 전쟁에서 목숨을 잃었습니다.
이 비참한 현실을 알리기 위해서
언제부턴가 오래된 아일랜드 민요에 가사가 붙여졌습니다.
한 아버지가 전쟁터로 어린 아들을 떠나보낸 후
아들을 향한 애절한 그리움을 가득 담아 부른 노랫말이었습니다.
이 노래는 비참한 현실로 인해 절망한 아일랜드 인들의 마음을 사로잡았고,
한 아일랜드 가수를 통해 전 세계에서 사랑받는 노래가 되었습니다.

"꽃들이 시들면, 언젠가 아들이 돌아오겠지.

그리고 난 싸늘히 죽어 있겠지.

너는 내가 누워 있는 곳에 무릎을 꿇고

내게 작별 인사를 하겠지.

대니 보이, 오 대니 보이, 너를 너무나 사랑한단다."

사랑하는 가족과 영원히 함께할 수는 없습니다.

세월의 힘 때문에 헤어져야 하는 경우도 있고, 예기치 못한 사고나

병으로 인해 일찍 이별해야 하는 경우도 있습니다.

지금 옆에 있는 가족들과 가능한 많은 시간을 보내시기 바랍니다.

그리워도, 보고 싶어도 보지 못할 때가 언제 올지 모르기 때문입니다.

마크 맥과이어를 일으킨 힘

역대 메이저리그 최초로 단일 시즌 70홈런을 기록한
미국 프로야구 홈런 왕 '마크 맥과이어(Mark McGwire)' 는
1986년에 메이저리그에 데뷔하였습니다.
미국 프로 야구에서 주목받던 그는 1993년에
허리와 무릎에 심각한 부상을 입은 이후 3년간
극심한 성적 부진에 시달립니다.
깊은 슬럼프에 빠진 맥과이어는 결국 은퇴를 결심했습니다.
이때 다시 한 번 재기를 생각하고 복귀할 수 있었던 것은
사랑하는 아들 매튜의 격려 덕분이었다고 합니다.
마크 맥과이어는 메이저리그 선수들 중에서도 아들 바보로
유명했습니다. 그는 경기 때마다 아들을 데리고 나와
함께 야구를 즐겼습니다.
아들 매튜가 태어난 날은 맥과이어가 신인 최초로 50홈런이라는
대기록을 눈앞에 두고 있던 순간이라고 합니다.

그는 대기록을 세울 수 있는 마지막 경기를 포기하고
아내가 있는 병원으로 향하면서 이렇게 말합니다.
"50번째 홈런은 언제든지 칠 수 있지만, 아기가 태어나는 것은 오늘뿐이다."
그 후 맥과이어는 자신을 영웅처럼 따르는
아들을 실망시키지 않기 위해 다시 배트를 잡았고
1998년에는 70홈런을 날리며 30년 만에 한 시즌 최다 홈런을 치게 됩니다.

힘들거나 절망에 빠져 있을 때 가장 큰 격려가 되는 사람은
연예인도, 정치인도 아닌 가장 가까이에 있는 가족입니다.
자녀의 격려, 아내의 격려, 남편의 격려가 세상 그 무엇보다
가장 큰 힘이 될 수 있습니다.
가까운 가족에게 격려해 주십시오.
이 세상 그 무엇과도 비교할 수 없는 힘을 얻게 될 것입니다.

줄리 잉스터의 가족 사랑

골프계의 여왕으로 불리는 미국의 '줄리 잉스터(Juli Inkster)'가
한국에 온 적이 있습니다. 그녀는 자신이 출전하는 대회가
국내에서 열리든 외국에서 열리든 경기 때마다
가족을 동행하는 것으로 유명한 선수입니다.
어느 날 기자가 농담 섞인 질문을 합니다.
"가족들을 모두 데리고 다니려면 돈이 많이 들겠습니다."
줄리 잉스터 선수는 이렇게 대답했습니다.
"맞습니다. 돈이 많이 듭니다. 하지만
저는 골프 선수이기 이전에 엄마이자 아내입니다.
가족으로 인한 행복이 나를
지금까지 경기에 나서게 하는 힘이 되어줍니다.
저는 훌륭한 선수이기 이전에 좋은 엄마이고 싶습니다."

어떤 인생이 진정으로 성공한 인생이라고 할 수 있을까요?

사회적인 명성일까요? 최고의 권력일까요?

진정한 성공자가 되기를 원하십니까?

아름다운 가정을 만들고 가꾸는 것이

곧 진정한 인생의 성공이 아닐까요?

천 원의 가치

다섯 살 강유미 어린이는 하루 용돈으로 천 원을 받습니다.

유미는 이 돈으로 사탕이나 과자를 사먹고 남는 돈은 저금통에 넣었습니다.

그런데 어느 날인가부터 군것질을 하지 않고 용돈을 모두

저금통에 넣기 시작합니다.

한 달에 삼만 원 정도 모인 돈은 국제 구호단체인 굿네이버스를 통해서

아프리카 차드에 사는 일곱 살 가마고움 가미 어린이에게 전해진다고 합니다.

유미가 좋아하는 과자와 사탕을 포기한 계기는

어머니에게서 아프리카 얘기를 듣고 나서부터라고 합니다.

"유미야! 네가 사탕 하나를 포기하면

아프리카 어린이 한 명이 밥 세 끼를 먹을 수 있단다."

유미의 어머니인 주영선 씨는 세 아이 중 둘째인 유미가

다른 형제들보다 욕심도 많고 소유욕도 강해서

기부에 대한 이야기를 했다고 합니다.

기부를 시작하고 나서 유미의 행동에도 변화가 생겼다고 합니다.

동생에게 양보도 많이 하고 불쌍한 사람을 보면

돕는 마음도 생겼다고 합니다.

어느 날은 어머니에게 나중에 커서 아프리카에 가서

어려운 사람들을 돕고 싶다는 말을 했다고 합니다.

유미는 아프리카 어린이를 위해서 자신의 용돈을 기부하면서

돈으로 살 수 없는 귀중한 가치를 배우게 된 것입니다.

사람은 성장하면서 다양한 교육을 받지만,

삶의 방향을 제시하는 것은 부모입니다.

경쟁을 중시하는 현대 사회에서 부모는 자식들에게

치열한 경쟁 속에서 살아남는 법만 가르치고 있습니다.

경쟁에 치우친 교육보다 올바른 가치관이 우선되는 교육이

먼저라고 생각합니다.

건강한 사회는 약자에 대한 배려와 관심 속에서

서로를 배려함으로써 유지되는 것입니다.

로버트 킹 씨 가족

2001년 4월 5일, 잠실 야구 경기장에서 열린 프로야구 개막전의 시구자는
두 다리가 없어서 철제 인공 다리를 착용한
'애덤 킹(Adam King)'이라는 어린이였습니다.
선천성 기형으로 태어난 애덤은 부모가 양육을 포기하면서
고아가 될 수도 있었지만 미국의 '로버트 킹(Robert King)'씨 부부가
입양을 결정하면서 미국에서 자라게 되었습니다.
킹 부부는 애덤을 포함해 모두 8명의 장애아를 입양해 키우고 있었습니다.
어떤 기자가 장애아 입양을 결정하게 된 이유를 묻자 킹은 이렇게 대답합니다.
"불쌍한 아이들이기 때문이 아니라 다른 아이들보다
더 많은 사랑을 필요로 하기 때문에 입양을 결정했습니다."
그리고 부부는 아이들을 일반 학교에 보내고 자기 일은 스스로 할 수 있도록
교육시키면서 최대한 장애를 의식하지 않도록 가르쳤습니다.
처음엔 학교생활에 적응하는 것을 힘들어하던 아이들도
지금은 친구도 곧잘 사귀고 학교 성적도 뛰어나

모범적인 아이로 평가받고 있습니다.

장애아를 키우면서 힘든 점이 없느냐는 질문에 부부는 이렇게 대답합니다.

"이 세상에 문제없는 사람이 있나요?

정도의 차이일 뿐 누구나 문제는 지니고 있습니다."

세상에 완벽한 사람은 단 한 사람도 없습니다.

모두 어딘가 부족한 부분들을 가지고 있습니다.

또한 눈에 보이는 장애뿐만이 아니라 정신적인 장애를 가진 사람도 많습니다.

우리나라가 OECD 국가 중 자살률이 1위라는 점만 봐도 이를 알 수 있습니다.

장애인이든 비장애인이든 사람들은 누구나 사랑을 필요로 합니다.

사랑은 허물을 덮습니다.

모두가 서로를 사랑하는 세상이 되었으면 좋겠습니다.

TV를 끄고 가족과 함께

미국의 가정에서는 평균적으로 하루에
6시간 45분 정도 TV가 켜져 있다고 합니다.
평생 동안 75,000시간 정도를 TV 앞에서 보낸다는 것입니다.
TV를 통해 보게 되는 정사 장면은 연간 9,230회에 달하며
그 가운데 81퍼센트가 불륜이라고 합니다.
뿐만 아니라 살인 장면의 경우, 매년 18,000회 정도를 접하고 있으며
더욱 심각한 것은 아이들에게도 이러한 폭력 장면이
여과 없이 노출된다는 것입니다.
우리나라의 사정도 크게 다르지 않습니다.
이혼은 드라마의 단골 소재이고, 고부간의 갈등은 일상적으로 등장합니다.
심지어 불륜을 아름다운 사랑으로 꾸며주기까지 합니다.
우리 사회에서 일어나는 사건, 사고 또한 TV를 모방한 것이 많습니다.
TV 시청으로 인해 가족 간의 대화는 단절되고,
아이들은 부모에게서 배워야 할 것들을 TV를 통해 배우게 됩니다.

혹시 아이들과 함께한 자리에서 자극적이고 폭력적인 방송에

채널을 고정하고 있지는 않은지요.

아이들에게 바른 가치관을 심어주어야 할 곳은 가정입니다.

이제 TV를 끄고 자녀들과 대화하는 시간을 가져 보시기 바랍니다.

TV에서 가르쳐 주지 않는 올바른 가치관을

다양한 경험을 통해서 전달해 주시기 바랍니다.

자녀들이 자라서 또 다른 행복하고 건강한 가정을 꾸릴 수 있도록 말입니다.

만 원으로 얻은 행복

남편이 출근하면서 만 원짜리 지폐 한 장을 꺼내어

아내의 손에 쥐어주었습니다.

요즘 지쳐 보인다며 고기라도 먹고 오라고 말했습니다.

아내는 만 원을 받아 들고, "여보, 나 하나도 힘들지 않아요."라고 말합니다.

며칠 뒤 아내는 노인정에 다니는 시아버지에게

남편에게 받았던 만 원을 드리며 이렇게 말했습니다.

"아버님, 용돈 한번 제대로 못 드려서 죄송해요."

시아버지는 그날 노인정에서 며느리 자랑으로 하루가 갑니다.

그리고 그 돈은 쓰지 않고, 서랍 속 깊숙한 곳에 두었습니다.

명절이 되자 시아버지는 손녀의 세배를 받고서

숨겨둔 그 만 원을 손녀의 세뱃돈으로 주었습니다.

세뱃돈을 받아 든 손녀는 상을 차리는 엄마에게 달려가

만 원을 내밀며 이렇게 말했습니다.

"엄마, 이 돈 엄마한테 맡길게요."

그 순간 엄마는 요즘 들어 무척이나 힘들어하는 남편이 떠올랐습니다.

아내는 조용히 일어나 남편의 호주머니에 쪽지와 함께 만 원을 넣어둡니다.

"여보, 내일 점심때 맛있는 거 사드세요."

만 원 한 장이 식구들을 거치면서 가족의 사랑을 키워줍니다.

행복의 바구니는 물질로 채워지지 않습니다.

만 원 한 장이라도 가족의 희생과 위로와 사랑이 담겨 있다면

어떤 부자도 누리지 못할 행복을 만들어 줄 것입니다.

행복은 멀리 있지 않습니다. 서로에 대한 배려와 위로와 사랑에

인생의 참된 행복이 담겨 있습니다.

그냥

식당에서 식사가 나오기를 기다리는 중이었습니다.

옆 테이블에 있는 중년의 한 남자가 작은 목소리로 전화를 합니다.

"아버지 저예요. 별일 없으시지요?"

별일 없다고 답이 온 것 같습니다.

"점심 잡수셨어요? 그냥 전화했어요. 조금 있다 들어갈게요."

하고 조용히 말하며 전화를 끊습니다.

옆에 있던 친구가 핀잔을 주듯이 한마디 합니다.

"아무 일 없는데 그냥 전화해? 그냥 뭐하러 전화해?"

전화한 사람은 그저 빙그레 웃을 뿐입니다.

전화한 아들은 50대 후반쯤 되어 보였습니다.

전화를 받은 아버지는 80대 후반쯤 되신 것 같습니다.

외출 중인 아들은 집에 혼자 계신 아버지가 걱정되었나 봅니다.

집에는 텔레비전이나 신문 같은 것들도 있지만,

그런 것으로 혼자 있는 노인들의 외로움을 충분히 채워주지는 못합니다.
무엇보다 필요한 건 말벗이기 때문입니다.

부모님이 가장 좋아하실 만한 효도의 방법은 무엇일까요?
돈을 드리거나 비싼 옷, 가전제품 등을 사드리는 것도 좋겠지만
무엇보다 가장 좋은 것은 부모님에 대한 관심과 사랑입니다.
부모님이 관심과 사랑으로 우리를 키우셨듯이
이제는 우리가 보여드려야 할 차례입니다.
때로는 '그냥' 하는 전화 한 통이 부모님께는
큰 위로와 힘이 될 수 있습니다.

펄 벅 여사의 장애인 딸

나는 내 딸에게서 많은 것을 배웠습니다.
딸은 내게 인내하는 법을 가르쳐 주었지요.
우리 가족은 모두 동작이 느린 사람을
가만히 두고 보지 못하는 급한 성격입니다.
물론 나도 둔한 사람에 대해 참을성이 없는
가족의 성격을 그대로 물려받았습니다.
그런 내가 정신이 박약한 딸을 갖게 된 것입니다.
그때부터 나는 힘든 길을 걸어가지 않으면 안 되었습니다.
그러나 인간은 인간으로서 평등하고 동등한 권리를 가졌다는 사실을
내게 분명히 가르쳐 준 건 다름 아닌 내 딸이었습니다.
만약 내게 이런 기회가 주어지지 않았다면
나는 나보다 능력이 못한 사람을 참을 수 없어 하는
몹시 거만한 사람으로 인생을 살아갔을지도 모릅니다.
딸은 나에게 참다운 인생의 의미를 가르쳐 주었습니다.

펄 벅(Pearl Sydenstricker Buck) 여사의
큰딸인 캐롤은 중증 정신지체아였습니다.
펄 벅은 처음에는 어린 딸이 정신지체라는 사실을
받아들이지 못했지만 결국 딸을 남들과는 다른 인격체로
받아들이게 되면서 그녀의 삶도 변화합니다.
1950년 펄 벅은 자신과 딸이 사는 이야기를 담은
「자라지 않는 아이」라는 책을 통해 아이를 있는 그대로 받아들이는 것이
부모와 아이가 행복해질 수 있는 길이라고 말합니다.
또한 '내 딸이 나의 삶을 변화시켜 주었다' 고 고백하고 있습니다.

인간은 누구에게나 삶에 대한 권리와 행복해질 권리가 있습니다.
아이가 건강하게 태어나지 못했거나, 부모가 보기에 부족하더라도
부모는 아이를 자랑스럽게 생각하고, 부족한 모습도 사랑할 줄 알아야 합니다.
그런 아이를 통해 부모는 한층 더 성장하게 됩니다.
세상에는 '자라지 않는 아이' 보다 '자라지 못한 어른' 이 더 많습니다.
있는 그대로의 모습으로 보십시오.
누구에게나 부족한 모습은 있기 마련입니다.

사랑이 머무는 자리

세 딸을 키우던 어머니가 어느 날 고아원에서 한 아이를 입양했습니다.
어머니는 세 딸에게 이렇게 당부했습니다.
"이 애를 친동생으로 여기고 사랑해 주도록 하렴."
그런데 입양되어 온 아이는 새로운 환경이 낯설었는지
적응을 못하고 시도 때도 없이 울기만 했습니다.
그런 아이가 안타까웠던 언니들은 아이를 달래기 위해 인형을 가져다주고,
먹을 것과 옷이며 수많은 선물을 건네보기도 했지만 아무 소용이 없었습니다.
여전히 아이는 울음을 그칠 줄을 몰랐습니다.
사랑스럽게 아이를 달래주던 언니들도 사흘이 넘게
울어대기만 하는 아이에게 지치기 시작했습니다.
마침내 제일 큰 언니가 너무 답답한 나머지
"너 도대체 왜 우는 거니?" 하면서 같이 울어 버리고 말았습니다.
언니는 자신의 마음을 알아주지 못하는 아이에게 섭섭한
나머지 울음을 터뜨려 버린 것입니다.

그렇게 둘은 한참을 울다가 쓰러져 잠이 들었습니다.
그런데 이상한 일이 일어났습니다.
잠에서 깬 아이가 더 이상 울지 않는 것입니다.
아이는 함께 울던 언니에게 동질감을 느끼면서
진심으로 마음을 열게 된 것입니다.

아이에게 진정으로 필요했던 것은 먹을 것이나 선물이 아니라
자신과 함께 울며 슬픔을 나누는 사람이었습니다.
슬픔을 달래는 것보다 어려운 것은 슬픔을 함께 나누는 것입니다.
진정한 사랑은 기쁨이나 즐거움뿐만이 아니라
아픔이나 슬픔도 함께 나눌 수 있는 것입니다.
슬퍼하는 사람에게 당신이 함께 눈물을 흘려 준다면
그는 평생 당신을 잊지 못할 것입니다.

가장 소중한 것

어느 가게를 운영하던 주인이 병이 깊어져 임종을 앞두고 있었습니다.
그의 곁에는 슬픔에 잠긴 채 그를 지켜보고 있는 가족들이 있었습니다.
가게 주인은 가족들의 이름을 하나하나 천천히 불러 보았습니다.

"여보, 당신 어디 있소?"

"예, 저 여기 있어요."

"딸애는 어디 있느냐?"

"예, 아빠, 여기 있어요."

"……."

그렇게 가족 한 명 한 명을 확인하던 가게 주인은
유언이나 다름없는 마지막 말을 남겼습니다.

"그러면 가게는 누가 보고 있단 말이냐?"

탈무드에 기록된 한 토막의 유머입니다.

여러분의 삶 가운데에서 가장 소중한 것은 무엇입니까?

가족보다 직장을, 사람보다 물건을 더 소중하게 여기지는 않는지요?

여러분의 마지막 유언이 될 말을 한번 생각해 보십시오.

그것이 여러분의 삶에서 가장 소중한 의미일 것입니다.

부활절 초콜릿

부활절은 '예수의 부활을 기념하는 축제' 입니다.

우리나라에서는 많은 사람들이

'성당이나 교회에서 달걀을 나눠주는 날' 정도로 생각하지만

유럽에서는 크리스마스와 마찬가지로 큰 행사이기도 합니다.

흔히들 부활절이라고 하면 달걀을 떠올리지만

독일의 북부 지역에서는 초콜릿의 인기가 대단하다고 합니다.

부모들은 부활절 전날에 아이들을 일찍 재우고

집 안 곳곳에 초콜릿을 숨겨둡니다.

아침에 일어난 아이들은 숨겨둔 초콜릿을 찾기 위해

온 집 안을 동분서주합니다.

초콜릿을 일찍 찾은 아이는 기쁜 마음에 자랑하기에 여념이 없고,

찾지 못한 아이는 눈물범벅이 된 채 엄마 품에 안기기도 합니다.

그 소란스러운 아침에 부모는 아이들의 모습을 보며 배꼽을 잡기도 하고,

쉽게 찾지 못하도록 방해를 하기도 합니다.

그렇게 온 가족은 한바탕 웃음 파티를 벌입니다.
이처럼 독일에서는 부활절 아침에 초콜릿 하나로
온 가족이 웃음꽃을 피웁니다.
가족의 웃음만큼 우리의 삶을 행복하게 해주는 것은 없습니다.

초콜릿 하나로 웃음꽃이 피는 가족, 멋지지 않은가요?
비록 값비싼 선물은 아니지만
아이들이 기뻐할 모습을 떠올리면서 초콜릿을 숨기는 부모와
초콜릿을 찾을 때는 설렘을, 찾은 후에는 기쁨을 느끼면서
즐거워하는 아이들의 모습,
이런 소소한 행복들이 우리의 삶을 아름답게 해줍니다.

아이 하나를 더 낳아라

탈무드에 나오는 이야기입니다.

어떤 부부가 아이 11명을 낳고 행복하게 살았지만

결국 성격 차이를 극복하지 못하고 이혼에 합의했습니다.

그런데 11명의 자녀들에 대한 양육 문제로 다툼은 계속되었습니다.

각자 자기가 한 명이라도 더 많이 기르겠다고 우기는 바람에

쉽게 결론이 나지 않았습니다.

공평하게 절반씩 나눠 기르기로 했지만

한 명이 남아 또 문제가 생겼습니다.

끈질기게 다투던 부부는 결국 랍비를 찾아갔습니다.

고민을 거듭하던 랍비가 명판결을 내렸습니다.

"당장 집으로 돌아가 아이 하나를 더 낳으시오.

그런 다음 여섯 명씩 나눠 기르도록 하십시오."

부부는 랍비의 말에 따랐고, 부인은 임신을 했습니다.

그런데 이게 웬일입니까! 쌍둥이를 낳은 것입니다.

자녀는 13명으로 다시 홀수가 되어 버렸습니다.

그 과정에서 부부 사이에 서로를 더 이해하고 신뢰하는 믿음이 생겼고,

두 사람은 새 생명을 주신 하나님께 감사하며 잘 살았습니다.

요즘에는 많은 이들이 너무 쉽게 이혼을 결정합니다.

이혼 사유 중 대부분은 성격 차이라고 합니다.

오랜 시간 서로 다른 삶을 살아온 사람들끼리 만나

한 가정을 이룬 것이므로 성격 차이로 힘들어하는 것은

어찌 보면 당연한 일일지 모릅니다.

자기 욕심만 내세우지 말고, 조금만 더 시간을 갖고 생각해 보세요.

서로에 대한 신뢰와 믿음은 단기간에 쌓이는 것이 아닙니다.

때가 이르기 전에

아흔이 넘은 할머니가 오랜 지병으로 인해 고생하시다가
어느 날 소리 없이 눈을 감으셨습니다.
어쩌면 예상했던 이별이었음에도 어머니는 슬픔에 겨운 나머지
흐느낌에 들썩이는 어깨를 차마 감추지 못했습니다.
어머니는 담요 밖으로 나온 할머니의 맨발이 애처로우셨는지
"추우시겠다." 하시면서 담요를 끌어와 할머니의 발을 덮어주셨습니다.
그 모습을 지켜보던 아들은 답답한 마음에 이렇게 말합니다.
"엄마, 이제 그럴 필요 없어요. 할머니는 이미 돌아가셨잖아요."
냉정한 투로 말한 아들이 미처 헤아리지 못한 것이 있었습니다.
그것은 부모를 떠나보낸 자식의 안타까움과 쓸쓸한 마음이었습니다.

우리가 아무리 최선을 다해도 보답할 길이 없는 것이
부모님의 은혜요, 사랑입니다.

더 많은 시간이 지나기 전에 부모님께 사랑과 감사의 마음을 전하세요.

사랑과 감사의 마음을 전하는 것은 매일매일 해도 부족하지 않습니다.

사랑받지 못한 자

그는 미국의 어느 가정에서

어머니와 세 번째 남편과의 사이에서 태어났습니다.

그의 아버지는 그가 태어나기 며칠 전에 심장마비로 세상을 떠났으며

어머니는 걸핏하면 그에게 폭력을 일삼았습니다.

어머니는 그 후에도 여러 번 결혼을 했지만,

한 번도 화목한 가정을 꾸리지 못했습니다.

그는 부모의 사랑을 받아볼 기회조차 없었습니다.

고등학교 시절까지 무려 22번이나 이사를 했고

학교도 12번이나 옮겨야 했습니다.

외로움 속에서 성장하면서 부정적이고 비관적인 성품을

갖게 된 그에게는 친구도 없었습니다.

중학교 생활기록부에는

'이 소년은 사랑이라는 말을 모르는 것 같다.' 고 적혀 있습니다.

그는 결국 고등학교도 마치지 못하고 중퇴한 후 해병대에 입대했지만

그곳에서도 동료들의 괴롭힘의 대상이 된 채 불명예제대를 하게 됩니다.
이 사람이 바로 케네디 대통령의 암살범으로 지목된
24세의 청년 '리 하비 오스왈드(Lee Harvey Oswald)' 입니다.

불우했던 환경이 그가 저지른 일을 정당화할 수는 없습니다.
그러나 누군가 단 한 번만이라도 그에게 사랑을 베풀어 주었다면
아마도 그 인생의 결말은 달라졌을 것입니다.
어린 시절, 부모의 사랑을 받지 못한 사람은
사랑을 어떻게 베풀어야 하는지 알지 못합니다.
부모의 역할은, 가족의 역할은 그만큼 중요합니다.
가족의 사랑은 한 사람의 영혼을 변화시킬 수 있습니다.

할아버지의 사랑

어느 젊은 사진사가 사진을 찍던 중

할아버지 한 분이 길가에 앉아

열심히 책을 읽고 계신 것을 보게 되었습니다.

그는 호기심에 할아버지께 다가가 말을 걸었습니다.

"할아버지, 어떤 책을 읽고 계세요?"

"아, 이거…… 우리 할멈이 읽던 책이야.

내 마누라가 말이야, 이 책을 참 좋아했었어.

참 곱고 예쁜 마누라였는데…….

고생만 하다가 10년 전에 나만 놔두고 먼저 갔지.

난 말이야, 이 책을 10년 동안 계속 봤다네.

마누라가 좋아하던 책이라서……."

사진사가 씁쓸한 맘으로 인사를 하고 일어서려는데

할아버지께서 나지막한 목소리로 그를 불렀습니다.

"이보게 젊은이, 이 책에 뭐라고 쓰여 있는지 좀 읽어주겠나?

난 글을 모르거든."

사랑하는 이가 떠난 자리는 그 무엇으로도 채울 수 없습니다.
지금 옆에 함께 하고 있다는 것만으로도 감사하기 바랍니다.
그 언제가 빈자리로 인한 그리움이 후회로 남을 수도 있습니다.
함께 있는 지금 이 순간에 최선을 다하시기 바랍니다.

황혼의 사랑

샌드라 데이 오코너는 미국 사법 사상 최초의 여성 연방 대법관이었습니다.

그녀는 매년 각종 언론으로부터 세계에서 가장 영향력 있는 여성으로

꼽혔으며, 유방암 투병 중에도 법정을 지키는 등 강인한 면모를 지녔습니다.

그러나 오코너는 2005년에 갑자기 은퇴를 선언합니다.

알츠하이머 진단을 받은 남편과 더 많은 시간을 보내기 위해

종신직인 대법관의 임무와 명예를 내려놓은 것입니다.

그러나 기억을 점점 잃으면서 부인조차 알아보지 못하게 된 남편은

요양원에서 만난 다른 여성과 사랑에 빠져 있었습니다.

남편이 다른 여성과 산책을 하거나 키스하는 장면을 목격했지만

오코너는 그런 남편을 기쁘게 바라보았습니다.

주위에서는 오코너의 상황을 안타까워하며

남편에게 화가 나지 않느냐고 물었습니다.

그러자 오코너는 이렇게 대답했습니다.

"나를 기억하지 못하고 다른 여성을 사랑해도

남편만 행복하다면 나는 기쁩니다."

어느 심리학자는 오코너의 사랑에 대해 이렇게 말했다고 합니다.
'젊어서의 사랑은 자신의 행복을 원하는 것이고
황혼의 사랑은 다른 누군가가 행복해지길 바라는 것' 이라고.
자신의 욕심만 채우는 이기적인 사랑보다
상대방을 배려하고 그의 행복을 빌어주는 사랑이
더욱 아름답습니다.

아내의 자전거

오늘도 어김없이 자전거를 끌고

힘겹게 언덕을 올라오는 아내의 모습이 보입니다.

남편은 그런 부인의 모습에 안쓰러움을 느껴

'어떻게 하면 아내가 편안하게 고개를 넘어올 수 있을까?'

고민하기 시작했습니다.

남편은 고민 끝에 아내의 자전거에 작은 모터를 달아주었으며,

여러 차례의 실험 끝에 언덕에서도 잘 달리는 모터 자전거를 완성했습니다.

이후 이 자전거는 엄청난 인기를 끌게 되었으며

나중에는 이를 상품화시킨 오토바이가 나오게 되었습니다.

아내에 대한 사랑이 담긴 모터 자전거를 개발한 남편,

그가 바로 세계적인 기업 혼다의 창업주인

'혼다 소이치로(Honda Soichiro)' 입니다.

세계적으로 유명한 발명품이 아내의 필요에 의하여 만들어진 것입니다.

사랑은 그 사랑하는 대상을 기쁘게 할 무언가를 생각하게 하고

만들어 내게 하는 힘이 있는 것 같습니다.

부부란 그런 것이 아닐까요?

상대방의 마음을 헤아릴 줄 아는 것,

상대방을 사랑하는 마음에 그의 고통을 나누고 싶어 고민하는 것,

그것이 바로 축복의 시작이며 사랑의 결실이 아닐까요.

성공의 힘

미국의 자동차 회사 '포드'의 창설자인 자동차 왕
'헨리 포드(Henry Ford)'는 젊은 시절, 자동차를 만들겠다는
일념으로 얼마 안 되는 전 재산을 쏟아부었습니다.
그런데다 빚까지 내가면서 실험을 했지만 실패만 거듭했습니다.
그는 용기를 잃고 좌절하여 절망으로 하루하루를 보냈습니다.
그때 그의 모습을 안타깝게 여긴 아내가 이렇게 말했습니다.
"힘을 내세요. 이 세상 어느 곳을 가든지 당신만을 믿고 따라갈게요."
힘든 상황 속에서도 자신만을 믿고 따라준 아내가 있었기에
그가 만든 자동차가 전 세계를 누빌 수 있게 된 것입니다.

아무리 넘기 힘든 고통이라도 나를 믿어주는
단 한 사람의 따뜻한 말이 위로가 되고 희망이 됩니다.
힘들어하는 남편에게, 아내에게
사랑과 위로의 한마디를 건네보는 건 어떨까요?

"당신은 틀림없이 잘해낼 거예요. 당신을 믿어요."

천국으로 보낸 메시지

지난 3월, 암으로 투병하시던 시어머니께서 돌아가셨습니다.

유품을 정리하다가 시어머니 휴대전화를 보관하게 되었습니다.

그 휴대전화는 2년 전 시부모님 결혼기념일에

내가 커플폰으로 사드렸던 것입니다.

두 분은 매일 문자를 주고받곤 하셨습니다.

어느 날 아파트 경비 일을 하던 시아버지가 일을 보러 나가셨을 때,

어머니의 휴대전화로 '띵동' 하고 문자 메시지가 들어왔습니다.

[여보, 나 오늘 야간조니까 어멈이랑 저녁 맛있게 드시구려.]

그날 밤, 문자가 또 왔습니다.

[여보, 날 추운데 이불 덮고 잘 자구려. 사랑하오.]

남편과 나는 그 문자 메시지를 보고 눈물을 흘렸습니다.

남편은 내게 아무 말도 하지 말고 좀더 지켜보자고 했습니다.

며칠 후, 내 휴대전화로 아버님이 문자 메시지를 보내셨습니다.

[에미야! 오늘 월급날인데 뭐 필요한 것 없냐? 있으면 문자 보내거라.]

[네, 아버님, 동태 두 마리만 사다주세요.]

그날 저녁 우리 식구는 동태찌개를 끓여 소주와 함께 식사를 했습니다.

시아버지께서 문자에 관해서 말씀하셨습니다.

"에미야, 난 아직도 네 시어머니가 당장이라도 문을 열고 들어올 것만 같구나.

그래서 그냥 네 어머니랑 하던 대로 문자 메시지를 보낸 거란다.

모두들 이상하게 생각하는 것 같아 문자 메시지는 그만 보낼란다."

그날 이후, 시아버지는 시어머니의 휴대전화로 문자 메시지를

보내지 않으십니다.

대신 나에게 문자를 보내십니다.

오늘 나도 아버님께 문자 메시지를 보냅니다.

[아버님, 빨래하려고 하는데 아버님 속옷은 어디다 숨겨두셨어요?]

부부는 평생 함께할 수는 없습니다.

사랑하는 이가 곁에 없을 때의 그리움은

그 어떤 말로도 표현할 수 없을 것입니다.

늘 주고받던 문자 메시지도 사무치는 허전함으로 남을 것입니다.

오늘, 사랑하는 사람에게 문자 메시지 한번 보내보는 것은 어떨까요?

진정한 영웅

'커트 실링(Curt Schilling)'은 미국 메이저리그의 전설적인 투수입니다.

2001년 자신의 팀이었던 애리조나를 월드시리즈에서

우승하게 만든 주역입니다.

그 당시 한 기자가 커트 실링에게 이렇게 물었습니다.

"당신은 뛰어난 실력에 비해 연봉을 너무 적게 받는 것이 아닙니까?

연봉을 더 많이 주겠다는 팀도 있었을 텐데 애리조나 팀을

선택한 이유는 무엇입니까?"

커트 실링은 이렇게 대답했습니다.

"내가 애리조나 팀을 선택한 이유 중 하나는

돔(dome)구장을 갖고 있기 때문입니다.

돔구장은 지붕을 닫을 수 있어 햇빛이 차단되어

피부암에 걸린 부인이 내가 경기하는 모습을

마음껏 구경할 수 있기 때문입니다."

영웅이란 지혜나 용맹이 뛰어나

보통 사람이 하기 어려운 일을 해내는 사람을 말합니다.

흔히 영웅이라고 하면 큰 돈을 기부하거나 많은 사람의 목숨을 구한

인물로 생각하는 사람이 많습니다.

진정한 영웅이란 자신의 삶의 일부분인 가족을

진심으로 위하고 사랑할 줄 아는 사람이 아닐까요?

백범의 아내

김구 선생의 「백범일지」에 아내에 대한 이야기가 있습니다.

다른 집은 아내와 다툼이 있을 때 어머니가 보통 아들 편을 드는데
우리 집은 아내와 의견 차이가 있을 경우
어머니가 열백배로 나만 몰아세운다.
가만히 보면 고부간에 귓속말이 있은 후에 꼭 내게 불리한 일이 발생했다.
어쩌다가 내가 아내 의견에 반대하거나 불만의 기색을 보이면
어머니의 불호령이 떨어진다.
"네 동지들은 감옥에 가면 아내들이 이혼하거나 도망가는 일이 많은데,
네 처의 행실은 나뿐만 아니라 주변 사람들을 모두 감동시켰다.
그러니 절대 아내를 박대해서는 못쓴다."
그래서 나는 한 번도 아내를 이겨본 적이 없다.

김구 선생의 아내 최준례 여사는 평생 남편을 섬기며 살았습니다.

결혼 생활 동안 감옥에서 보내는 세월이 더 많았던 남편으로 인해
두 사람은 떨어져 산 시간이 훨씬 많았습니다.
아내는 가족의 생계를 책임지면서 남편을 기다렸습니다.
하루는 어떤 외국인이 여사의 총명함을 보고 장학금을 줄 테니
학업을 해보라고 권유했지만 남편을 기다려야 한다며 거절했습니다.

남성들이 이루는 큰 업적 뒤에는 보이지 않게 뒤에서 도와준
아내들의 희생이 있었습니다. 아내는 보이지 않는 조력자입니다.
아내를 소중히 여기고 귀하게 여겨야 합니다.

여보와 당신

예로부터 부부가 서로를 부를 때
'여보', '당신' 이라는 호칭을 사용했습니다.
'여보'는 같을 '여(如)'와 보배 '보(寶)'자를 써서
'보배와 같이 귀하고 소중한 사람'이란 뜻입니다.
'당신'은 마땅할 '당(當)'과 몸 '신(身)'자로,
'따로 떨어져 있지만 내 몸과 같다'란 뜻입니다.
'여보'는 주로 남편이 아내를 부를 때,
'당신'은 주로 아내가 남편을 부를 때 사용했던 말입니다.
지금은 세상이 많이 바뀌어서 '여보', '당신'이 뒤죽박죽이 되었고,
그렇게 부르는 경우도 드물다고 합니다.
상대를 보배와 같이 생각하지도 않고 내 몸처럼 생각지도 않으면서
그 뜻도 모른 채 쓰는 사람도 많습니다.
가정이라는 공동체의 기준이 되는 것은 부부입니다.
부부간의 신뢰나 존엄성 없이 성공이나 행복을 말할 수 없습니다.

상대적 조건과 계산된 선택 위에 세워진 가정은
모래 위에 집을 짓는 것이나 마찬가지입니다.
'여보'와 '당신'의 깊은 뜻을 마음에 담아보는 것은
오늘을 사는 또 다른 지혜가 아닐는지요.

'여보'와 '당신'의 의미를 마음에 새겨두고
서로에게 '여보', '당신'이라고 다정하게 불러준다면
어찌 서로를 존중하지 않을 수 있을까요.

매월 돌아오는 결혼기념일

모 호텔 카페에 매주 금요일 오후 7시면 어김없이 찾아와

함께 차를 마시는 노부부가 있었습니다.

이상하게 여긴 종업원이 그 이유를 물었습니다.

노인은 이렇게 대답했습니다.

"우리는 결혼 전에 매주 금요일마다 이곳에 와서 장래를 설계하였다네.

그날을 늘 기억하기 위해 금요일마다 이곳에 찾아오는 거라네."

우연히 카페에서 노부부의 이야기를 듣게 된 나는

그간 아내와의 기념일을 챙기지 못한 게 새삼 미안해졌습니다.

그래서 아내에게 결혼기념일인 28일을 기념하기 위해

매월 28일마다 함께하는 시간을 갖자고 했습니다.

처음엔 그저 웃어 넘기던 아내는 매월 28일이 되면

외식할 장소를 알아보거나 작은 선물을 준비하기도 합니다.

달력의 28일마다 큼지막한 원이 그려져 있습니다.

더 신기한 건 제 자신도 매월 28일을 기다리는 습관이 생겼다는 것입니다.

부부간에 의미 있는 날은 누구도 대신 챙겨줄 수 없습니다.

달력에 서로의 기념일을 기억하는 동그라미를 그려보세요.

동그라미의 숫자만큼 사랑하는 마음도 커져갈 것입니다.

남편을 팝니다.

오래된 해외 토픽 기사입니다.

미국 캘리포니아주에 사는 한 주부가

이색 신문 광고를 냈습니다.

광고 내용은 다음과 같습니다.

'남편을 싸게 팝니다.

사냥 도구와 골프채 및 개 한 마리는 덤으로 드립니다.'

덧붙여 남편은 주말만 되면 사냥이나 골프를 즐기고

아내에 대한 관심과 배려는 찾아볼 수가 없다는 것이었습니다.

이에 화가 난 아내가 신문에 엉뚱한 광고를 낸 것이었습니다.

이 광고를 보고 60여 통의 전화나 편지가 왔습니다.

그중에는 그래도 남편이 살아 있는 것을 고맙게 생각하라는

어느 과부의 조언, 남편이 바람 피우지 않은 것을

다행으로 여기라는 한 주부의 조언도 있었는가 하면

남편과 헤어진 뒤 혼자 아이들을 키우는 게 얼마나 힘든지 아느냐는

어느 이혼녀의 충고도 있었습니다.

더러는 남편 말고 개만 줄 수 없느냐는 문의도 있었습니다.

웃어 넘길 만한 일이면서도 한편으로는 오죽 화가 났으면

신문에 광고까지 냈을까 하는 생각이 듭니다.

부부는 서로에 대한 책임과 의무를 다해야 합니다.

가족에게 무관심하고 자신의 욕심만 채우려 한다면

그런 결혼 생활은 길게 유지될 수 없습니다.

당신 부부는 안녕하십니까?

가난한 행복

조연경의 「세상에서 가장 멋진 프로포즈」라는
콩트집에 보면 이런 이야기가 있습니다.

형편은 어렵지만 열심히 살아가던 젊은 부부에게 아이가 생겼습니다.

아내의 출산일이 다가오자 남편이 물었습니다.

"아이를 낳으면 무슨 선물을 해줄까요?"

아내는 아이를 낳는 순간에 장미꽃을 받고 싶다고 말했습니다.

출산일이 임박한 어느 날 밤, 배가 아파온 아내는 아이를 낳기 위해
한밤중에 병원으로 향했습니다.

남편은 아내와의 약속을 지키기 위해 장미꽃을 구하려 했으나
시간이 너무 늦어서 문을 연 꽃집이 없었습니다.

불현듯 월세 들어 사는 집 마당의 장미 넝쿨이 생각났습니다.

남편은 얼른 집으로 가 가시에 찔려 가며 장미꽃을 꺾었습니다.

장미꽃을 들고 병원으로 향하던 남편은
문득 떠오른 생각에 진한 감동을 느낍니다.

'아내가 나를 사랑하는구나. 보석이나 옷 같은 걸 사달라고 했으면
내 형편에 해주기 어려웠을 텐데. 내가 해줄 수 있는 것을 얘기하다니⋯⋯.'
젊은 부부는 이렇게 장미 한 송이로 서로의 사랑을 확인했습니다.

아내에게 선물을 주고 싶은 남편과
남편의 형편을 생각해서 소박한 선물을 요구하는 아내,
행복한 부부의 기본은 나보다는 상대방을 더 생각하는 마음이 아닐까요?
때로는 장미 한 송이가 값비싼 보석보다 더한 행복을 줄 수도 있습니다.

말의 차이

미국 가톨릭 대학의 클리프 노타리우스 교수의 연구에 따르면
사이가 좋은 부부나 파경을 맞은 부부나
부부 싸움을 하는 것에는 별 차이가 없다고 합니다.
다만 서로 주고받는 언어에 현격한 차이가 있다고 합니다.
행복한 부부는 싸움을 할 때 상대방에게 상처 주는 말은 삼가고
감정 언어를 많이 사용한다고 합니다.
그러나 실패한 부부는 상대방에게 상처 주는 말을 많이 하여
상대를 굴복시키고자 한다는 것입니다.
사람은 수모를 당하거나 존재 의미를 잃었을 때
극단적인 결심을 하는 경우가 많다고 합니다.
상대방에게 건네는 다정하고 따뜻한 말 한마디가
가정의 불화를 사라지게 할 것입니다.

부부가 살면서 말다툼이나 이견을 이야기하지 않을 수는 없습니다.

부부 간에 전혀 싸움이 없다면 어느 한쪽이 일방적으로 참고 있는 것입니다.

부부 싸움도 서로를 알아가는 대화의 연장선상입니다.

상대방이 틀린 것이 아니라, 자신과 다르다는 것을 이해하고

싸움을 피하려고 하기보다는 어떻게 해야

현명하게 싸울 수 있을 것인가를 고민하십시오.

이해의 차이

미국의 어느 연구 기관에서 이혼한 부부를 대상으로
성격 비교 연구를 했습니다.
그 결과 다양한 성격들이 나왔는데 그중에서도
공통점을 찾아 네 종류로 분류했습니다.

첫째는 과거를 집요하게 물고 늘어지는 과거 집착형
둘째는 상대의 허물을 용서하지 못하는 혐오형
셋째는 자신을 지나치게 높게 평가하는 과대망상형
넷째는 지난날의 어떤 실패를 두려워하는 피해망상형입니다.

이 연구 결과는 우리 사회와 가족이 어떻게 형성되어야
행복하게 살아갈 수 있는가를 보여주고 있습니다.
상대의 과거나 허물을 용서하지 못하고
자기과시에 젖어 있거나 실패를 두려워한다면

사랑으로 충만한 아름다운 가정을 이루기 힘들 것입니다.

서로 한 발 물러서서 용서하고, 서로를 존중하고
용기를 가지고 미래를 설계한다면
미움도, 원망도 아침 이슬처럼 사라질 것입니다.

서로 달라요

결혼 생활에서 가장 큰 어려움 중 하나는
남편과 아내가 서로의 욕구를 채워주지 못한다는 것입니다.
아내는 남편에게 애정 표현에 관심이 있고, 대화를 중요하게 여기며,
가족에 대해 더 많은 관심을 가지기를 원합니다.
남편은 가정에서 조용히 쉬기를 원하고
아내에게 위로와 칭찬 받기를 원하며,
여가 활동의 동반자가 되어주기를 원합니다.
결혼한 부부가 갈등을 경험하게 되는 것은
서로에게 자신이 중요하게 여기는 욕구를 기대하기 때문입니다.
행복은 완벽한 사람끼리 만났을 때 이루어지는 것이 아닙니다.
서로 다르다는 것을 인정하고 적응하는 만큼 더욱 사랑할 수 있습니다.

틀린 게 아니라 다를 뿐입니다.
남자와 여자가 다르다는 사실을 인정하고

받아들일 부분은 받아들이고, 포기할 부분은 포기하면서

서로의 부족한 면을 조금씩 채워가다 보면

진정으로 좋은 부부 관계를 맺을 수 있을 것입니다.

말아톤

2005년에 개봉한 조승우 주연의 '말아톤' 이라는 영화가 있습니다.

스무 살 자폐증을 가진 청년이 마라톤을 완주하기까지의 과정을 그린 영화로,

자폐증을 가진 아들과 어머니의 실화를 바탕으로 만들어졌습니다.

어머니 경숙은 자신의 아들인 초원이가 정상적인 아이보다 달리기를

월등하게 잘한다는 사실을 발견하고

달릴 때만큼은 남들과 다르지 않은 모습의 초원에게

희망을 갖고 꾸준히 훈련을 시킵니다.

영화 속에서 엄마가 "초원이 다리는?" 하고 물으면

초원이는 "백만불 짜~리." 라고 대답합니다.

엄마가 또 "초원이 몸매는?" 하고 물으면

초원이는 "끝내줘요!" 라고 대답합니다.

이 영화에서 어머니 경숙은 장애인인 초원이가

잘할 수 있는 것에만 집중하며 칭찬해 주고 훈련시킵니다.

혹시 자녀의 모자라거나 부족한 점만 살피고 있지는 않은가요?

자녀가 무엇을 잘하는지 생각해 보고,

마음을 다해 칭찬해 주세요.

꾸중보다 칭찬이 자녀를 성장시킵니다.

이천 원짜리 넥타이

아빠의 생일에 초등학생 아들이 넥타이를 선물했습니다.

동네에 있는 천원, 이천 원짜리 물건들을 파는 상점에서 샀다고 합니다.

그래서인지 넥타이 한가운데에는 이천 원이라고 적힌

스티커가 덩그러니 붙어 있었습니다.

진한 보라색의 넥타이는 곳곳에 실밥이 터져 있었지만,

그래도 이천 원짜리 같지 않게 제법 디자인이 멋졌습니다.

"이야! 이거 멋진데? 아빠가 이번 주일에 교회 갈 때 매고 가야겠다."

무심코 내뱉은 말에 아들 녀석은 기분이 몹시 좋아 보였습니다.

일요일 아침, 교회에 가기 위해 분주히 서두르고 있을 때였습니다.

면도를 하고 있는데 욕실 밖에서 아들의 목소리가 들려왔습니다.

"오늘 아빠가 내가 사드린 넥타이를 하시겠지?"

순간 가슴이 덜컥 내려앉는 기분이 들었습니다.

아빠는 그때 했던 말을 기억하지 못하고 있었고,

유난히 더운 날씨 탓에 가볍게 입으려고 생각했기 때문입니다.

아빠는 결국 아들과의 약속을 지키기 위해

이천 원짜리 넥타이를 매고 교회에 갔고,
아들은 하루종일 아빠의 넥타이 얘기를 그칠 줄 몰랐습니다.
더위에 지친 하루였지만, 아빠와 아들은 모두 행복했습니다.
아들은 아마도 주는 것이 얼마나 행복한 것인가를 배웠을 것입니다.
그리고 아빠는 작은 사랑도 크게 기억해야 한다는 사실을 알았습니다.

작은 선물이라도 그 안에 든 아이의 마음은 누구보다 큽니다.
아이는 자신의 입장에서 가장 좋은 선물을 아빠에게 한 것입니다.
아빠가 얼마나 좋아할까 잔뜩 기대하면서요.
아이의 선물이 아닌 아이의 마음을 받아주는 것도 중요한 사랑의 표현입니다.

쓰러지는 아이들

미국의 심리학자인 웨인 다이어 박사의 연구에 따르면
미국 어린이(8~12세)의 자살률은 1967년에 비해
15년 후인 1982년에 400%가 상승했다고 합니다.
박사는 그 이유에 대해 60년대의 냉전시대를 벗어나
80년대에 경제 부흥기를 맞았지만
어린이들의 삶은 과도한 경쟁과 부모의 욕심 등으로
일찍 사회적 좌절을 맛보았기 때문이라고 분석했습니다.
현재 대한민국의 어린이들도 비슷한 위기에 처해 있습니다.
빠른 경제 성장 속에서 아이들은 물질적 풍요를 느끼면서도
과도한 경쟁과 부모의 욕심, 인격적 대화의 단절 속에서
삶의 의미와 목표를 잃고 있으며, 실제로 초등학생을 포함한
청소년 자살률은 세계 최고 수준에 달해 있습니다.
앞으로도 물질 만능주의, 과도한 경쟁 중심의 사회 풍토는
크게 달라지기 어려울 것으로 보입니다.

우리나라 청소년들이 자살 충동을 느끼는 가장 큰 이유는
'성적 및 진학 문제' 이며 두 번째는 '가정 불화' 라고 합니다.
치열한 경쟁 속에 살아가는 아이들에게 가정은
작은 휴식 공간이 되어주어야 합니다.
지금 아이들에게 필요한 것은 바로 부모의 사랑과 관심입니다.

따뜻한 말 한마디

글쓰기를 좋아하는 소년이 있었습니다.

다른 이들은 그의 글솜씨를 신통하게 여기지 않았습니다.

이에 실망한 소년은 글쓰는 일을 중단하게 되었습니다.

안타깝게 여긴 어머니는 소년을 꽃밭으로 데려갔습니다.

"애야, 이 꽃들을 보렴. 지금은 막 돋아나는 꽃나무에 불과하지만

나중엔 아름다운 꽃들을 피울 거란다. 너도 쉬지 않고 정성을 다해

노력한다면 나중에 크게 성공할 수 있을 거야."

어머니의 말에, 소년은 다시 희망을 얻어 계속해서 글을 썼습니다.

그가 바로 덴마크가 낳은 위대한 문호

'한스 크리스티안 안데르센(Hans Christian Andersen)' 입니다.

안데르센은 '인어 공주', '미운 오리 새끼' 등 수많은 동화들을 썼습니다.

어머니의 긍정적인 말 한마디가 소년을

전 세계 어린이들에게 희망과 꿈을 주는 작가로 만든 것입니다.

당신은 자녀에게 어떤 말들을 들려주고 있습니까?

"너는 할 수 있어!"

"너는 잘할 거야."

"넌 가능성이 있어."

이런 긍정적인 말들이 자녀들에게는 새로운 세계에 대한 꿈을 갖게 하는
통로를 만들어 줍니다.

당신은 좋은 부모입니까?

미국의 유명한 판사였던 '포터(C. Porter)'는
어느 날 자신이 존경하는 스승의 아들을 재판하게 되었습니다.
난감한 상황에 처하게 된 포터 박사는 피고인에게
아버지가 쓴 책을 읽어 보았는지 물었습니다.
스승의 훌륭한 책을 읽어 보았다면
이러한 범죄를 저지르지 않았을 것이라고 생각했기 때문입니다.
그러자 스승의 아들은 이렇게 대답했습니다.
"네, 저도 그 책을 알고 있지만, 좋아하지는 않습니다.
아버지가 그 책을 쓰시는 동안 저는 항상 뒷전이었고,
제가 응석을 부리면 아버지는 원고를 빨리 끝내야 한다며
귀찮아 하셨습니다."
자신의 삶에서 아무리 성공적인 업적을 남겼다 해도
자녀가 어둡고 그늘진 삶을 살아간다면
결코 가치 있는 성공이 될 수 없습니다.

좋은 부모가 되고 행복한 가정을 이루는 것은
이 세상 어떤 일보다도 소중하고 값진 일입니다.
가족의 작은 필요에도 큰 관심을 가져 주는 것이
성공보다 더 가치 있는 일이 아닐까요?

자녀 사랑의 방법

지금은 은퇴한 세계적인 카레이서인
독일의 '미하엘 슈마허(Michael Schumacher)'는
한 해에 8천만 달러를 벌어들이던 당시
여덟 살과 여섯 살이었던 두 자녀에게
매주 2유로의 용돈을 주었다고 합니다.
우리나라 돈으로 1년에 약 8백억 원을 벌었던 사람이
자녀들에게는 1주일에 약 2,600원의 용돈을 주었던 겁니다.
그는 과거에 쓰나미 피해 성금으로 천만 달러를 기부해서
많은 사람들에게 박수를 받기도 했습니다.
자녀에게 무엇이든 최고로 해주고 싶은 마음은
어느 부모나 같을 것입니다.
사랑하는 마음을 전하는 데 서투른 사람일수록
그것을 물질로 대신하게 됩니다.

자녀에게 최고로 비싼 옷을 입히기보다는

최고의 인격을 가진 사람으로 성장하도록 이끌어 주십시오.

그것이 진정으로 자녀를 사랑하는 방법입니다.

3

이 세상을
치료하는 힘은
바로 사랑입니다.

살맛 나는 세상을 꿈꾸며

미국 인디애나주의 한 초등학교에 다니는
'짐(Jim)'은 뇌종양을 앓고 있습니다.
다행히 치료 경과가 좋아 병원에서 퇴원하게 되었지만,
방사선 치료를 받는 과정에서 머리카락이 다 빠져 버렸습니다.
다음 날 짐이 학교에 오는 것을 알게 된 같은 반 친구들은
수업이 끝났음에도 우르르 몰려 나가지 않고 토론을 시작했습니다.
아이들은 '어떻게 하면 친구를 위로할 수 있을까?' 하는
마음으로 하나가 되었습니다.
다음 날 아침, 짐은 오랜만에 학교에 등교를 했습니다.
반에 들어선 짐은 깜짝 놀랐습니다.
모든 친구들이 다 빡빡머리였던 것입니다.
아이들은 서로를 쳐다보며 웃었지만,
곧이어 교실은 눈물바다가 되었습니다.

아이들은 친구의 마음이 되어 생각했던 것입니다.

멋진 우정이란, 바로 그런 것입니다.

이런 친구들의 우정만 있다면 우리의 삶은 행복으로 채워지고

이 세상은 살맛 나는 세상으로 바뀌지 않을까요?

메트로놈에 담긴 우정

베토벤은 가정부를 수십 차례나 바꿀 정도로
다소 괴팍하고 까다로운 성격이었음에도 불구하고,
주변에는 그를 돕는 친구들이 많았습니다.
그중에서도 독일의 기계공이었던 '멜첼 메트로놈(Metronom Mälzel)'은
귀가 잘 들리지 않는 베토벤을 위해
직접 보청기를 만들어 선물했습니다.
뿐만 아니라, 베토벤이 청력을 아예 상실하자
눈으로 볼 수 있는 박자 측정기를 개발하였고,
베토벤은 이 기계의 최초 사용자가 되었습니다.
베토벤은 작곡이나 연주를 할 때 이 기계의 도움을 많이 받았습니다.
오늘날 많은 사람들이 사용하는 메트로놈은
바로 이 친구의 이름을 따서 만든 것입니다.
그들의 우정만큼이나 그들의 이름도
사람들의 마음속에 오래 기억되고 있습니다.

참된 친구는 좋은 환경이나 성격으로 결정되는 것이 아니라

늘 친구를 생각하고 아낌없이 베풀 줄 아는 마음에서 시작됩니다.

내가 누군가의 인생에 행복을 가져다 주는

참된 친구가 되어 보는 것은 어떨까요?

장수하는 비결

얼마 전 미국에서 장수한 사람 7,000명을 대상으로 설문조사를 했습니다.
9년에 걸쳐 그들의 음주량, 흡연량, 사회적 지위, 경제적 여유,
인간성까지 자세하게 조사하였는데, 그 결과는 아주 의외였습니다.
우선 당초 예상했던 담배나 술은 수명과 무관하지는 않지만
그다지 큰 영향을 미치지 않았습니다.
그 외에 경제 상황이나 사회적 지위 등도 큰 영향을 끼치지 않았습니다.
장수한 사람들에게서 발견한 하나의 공통점은
놀랍게도 '친구의 수(數)'였다고 합니다.
친구가 적을수록 쉽게 병에 걸리고 일찍 죽는 사람이 많았고,
친구가 많을수록 건강하고 장수하는 사람이 많았다는 것입니다.

당신에게는 따뜻한 대화를 나눌 친구가 얼마나 있습니까?
친구를 사귈 여유도 없을 만큼 바쁘게 살아가고 있지는 않는지요.
오랫동안 만나지 못한 친구가 있다면

먼저 마음을 열고 다가가 보는 건 어떨까요?

혼자가 아닌 '함께' 살아가는 것이 바로 건강한 삶을 위한 지혜입니다.

눈높이 교육

19세기 미국 유아교육에 큰 업적을 남긴
'피바디(Elizabeth P. Peabody)' 여사의 일화입니다.
피바디 여사가 초등학교 교사로 재직하던 당시의 일입니다.
반 학생들의 견학을 위해 박물관에 사전 답사를 하러 갔습니다.
여사는 무릎을 꿇은 채로 다니며 박물관에 전시된 유물들을 살펴봤습니다.
박물관을 지키던 수위는 여사를 의아한 눈으로 쳐다봤습니다.
답사를 다 마친 여사가 갑자기 벌떡 일어나 나가려 하자
깜짝 놀란 수위가 그녀에게 물었습니다.
"무슨 이유로 종일 무릎을 꿇은 채로 관람을 하신 건가요?"
"저는 교사입니다. 내일 반 아이들을 데려와 구경을 시켜주려는데
아이들이 키가 다 작아서 유물들을 자세히 보기 힘들 거라는
생각이 들었습니다.
그래서 내가 아이들의 눈높이에서 유물을 본 후 설명해 주려고 한 것입니다."
여사의 말을 듣고서야 박물관 수위는 그녀의 행동을 이해할 수 있었습니다.

우리 사회의 교육은 경쟁의 논리에 잠식되어 있습니다.

그리고 아이들의 인격은 성적표로 대신 평가됩니다.

교육의 본질은 이해와 사랑입니다.

상대방의 입장에서 생각하고 배려하는 것을 배우는 것이

그 어떤 지식보다도 선행되어야 하며,

이것을 체험으로 보여주는 것이 기성세대들의 의무이자 책임입니다.

물 한 컵에 담긴 권위

영국의 '시드니(Sydney)' 장군은 전쟁에서 심한 부상을 입었지만
승리를 위해 고통을 참으며 끝까지 자리를 지켰습니다.
전쟁이 끝난 후 후방으로 옮겨진 장군은 목이 말라 물을 찾았습니다.
그러나 병사들의 물통에는 겨우 물 몇 방울만이 남아 있었습니다.
병사들은 물통에 남은 몇 방울의 물을 모두 모아
간신히 물 한 컵을 만들어 시드니 장군에게 가져갔습니다.
장군은 물컵을 받아드는 순간
심한 부상을 입은 채 물컵을 바라보고 있는
어느 병사의 간절한 눈빛을 보게 되었습니다.
장군은 부관을 불러 이렇게 말했습니다.
"이 물을 저 병사에게 주게. 나는 더 참을 수 있으니."
"아닙니다. 이 물은 장군님을 위해 모은 것입니다. 어서 드시지요."
"어서 주라니까. 저 병사가 마시는 걸 보고 싶네."
그는 갈증에 시달리는 병사에게 물을 마시도록 권했습니다.
병사는 눈물을 흘리며 물을 마셨습니다.

장군은 그 모습을 보며 흐뭇하게 미소 지었고
옆에서 지켜보던 많은 부상병들은 눈시울을 붉혔습니다.

힘든 상황에서도 나보다 다른 사람을 먼저 생각할 줄 아는
희생만이 진정한 감동을 줄 수 있습니다.
지도자의 권위는 희생에서 나옵니다.
이런 권위가 진정한 리더쉽을 발휘할 수 있습니다.

훔쳐 먹은 분유

학교에서 분유와 건빵을 배급해주던 시절이 있었습니다.

아이들은 늘 배가 고파 무엇이든 한번 실컷 먹어보는 게 소원이었습니다.

어느날 몇 명의 아이가 급식창고 문을 열고 들어가

저마다 주머니에 가득 건빵을 쑤셔넣고는 분유를 퍼먹었습니다.

"콜록 콜록" 분유를 퍼먹다보니 마른 기침이 나올 수밖에 없었습니다.

그런데 하필 그때 창고 옆을 지나던 선생님께 발각되었습니다.

아이들은 단단히 각오하고 교무실로 불려갔습니다.

그런데 예상밖의 상황이 벌어졌습니다.

"이놈들아, 분유를 먹다 목이 막히면 어쩌려고. 자, 물부터 마셔라."

코끝이 찡해진 아이들은 이렇게 다짐했습니다.

"이 다음에 나도 선생님같은 사람이 되어야지."

선생님은 회초리 대신 물 한 컵으로 아이들을 가르치셨던 것입니다.

채벌보다 더 큰 힘을 발휘하는 교육적 효과는 바로 사랑입니다.

사랑만이 진정한 변화와 회복을 가져다 줄 수 있습니다.

사랑으로 가르치고 사랑으로 훈계하기 바랍니다.

한 사람에 대한 관심

교회를 열심히 다니던 한 소년이 있었습니다.

어느 날부터인가 이 소년이 교회에 나오지 않자

'킴볼(Edward Kimball)' 선생은 걱정이 되어 그를 찾아갔습니다.

소년은 생활이 어려워 학교에 다니지 못하고

작은 구둣방에서 일하면서 가족의 생계를 책임지고 있었습니다.

킴볼 선생은 소년의 손을 잡고 간절히 기도했습니다.

"하나님은 천하보다 너를 귀하게 여기시고 언제나 너와 함께 하신단다."

그는 선생님의 관심과 사랑에 감동을 받아 다시 교회에 나갔습니다.

그가 바로 세계적인 전도자인

'드와이트 라이먼 무디(Dwight Llyman. Moody)' 목사입니다.

이후 킴볼 선생의 근황을 아는 사람은 없었습니다.

그러나 무디는 간증을 할 때마다 킴볼 선생의 이야기를 빼놓지 않습니다.

킴볼이 무디를 찾아간 것은 아주 작은 사건이었지만,

무디에게는 자신의 삶을 변화시킨 위대한 희생이었습니다.

사랑을 받은 사람은 반드시 그 사랑을 베풀기 마련입니다.

최선을 다해 사랑하십시오.

한 사람에게 베푼 지극히 작은 사랑과 관심이

이 세상을 변화시키는 역사의 주역을 만들어 낼 수 있습니다.

추사 김정희와 제자 이상적

추사 김정희가 제주에서 8년, 함경도 북청에서 1년,

모두 9년 동안의 유배 생활을 마친 후

과천에 초당을 짓고 말년을 보내고 있을 때였습니다.

일흔 살을 앞둔 어느 겨울날 소포가 하나 배달되었습니다.

그 안에는 약간의 먹을 것과 한시 두어 편,

그리고 편지 한 통이 들어 있었습니다.

제자 '우선 이상적'이 보낸 물품이었습니다.

늙고 병들어 거동마저 불편한 추사에게는 감동 그 자체였습니다.

"아직도 늙은 스승을 기억해 주는 제자가 있다니……."

추사가 제주도에서 유배 생활을 하고 있었을 때에도

이상적은 중국에서 구해온 희귀 도서를 보낸 적이 있었습니다.

당시 추사는 제자의 인품을 칭송하는 답서를 보냈습니다.

'세상 사람들은 권력이 있을 때에는 가까이 하다가

권세에서 멀어지면 모두가 외면하는데 우선은 예나 지금이나

조금도 다름이 없으니 그 마음을 무어라 표현할 수 있을까.'

추사 김정희는 평소 계급의 장벽을 넘어

재능 위주로 제자들을 길렀다고 합니다.

제자인 이상적 또한 역관으로 중인 출신입니다.

스승의 가르침에 대한 은혜를 잊지 않고 보답한 이상적과

제자에 대한 애정을 가진 추사 김정희 선생의 사랑과 믿음이 아름답습니다.

사제 지간의 정이 고갈되어 가는 시대입니다.

지금까지 나를 가르쳐주신 스승을 찾아

감사와 사랑을 표현해 보는 것은 어떻겠습니까?

아침 친구

집 앞 논밭을 따라가다 보면 1킬로미터 정도 되는 곳에

정자나무 한 그루가 있습니다.

이른 아침 산책 길에 그곳을 지날 때면

벌써 할머니 몇 분이 나와 앉아 즐거운 이야기를 나누고 계십니다.

나는 매일 그 앞을 지날 때마다 할머니들에게 인사를 건넸습니다.

그렇게 몇 개월이 지났고, 할머니들과는

아침마다 늘 만나는 사이가 되었습니다.

산책 시간이 일정하지 못해 때로는 늦잠을 잔 후 느지막이 산책을 나서면

그때까지도 이야기꽃을 피우던 할머니들은

나를 '지각생'이라고 놀리며 박장대소를 합니다.

나는 할머니들의 놀림이 언짢기는커녕

할머니들에게 웃음을 줄 수 있다는 것에 오히려 흐뭇합니다.

어느새 나에게도 할머니들이 지어준 별명이 생겼습니다.

'아침 친구'

나는 오늘도 지각생 아침 친구가 되어
정자나무 아래서 웃음꽃을 피우는 할머니들을 만나
사람 사는 향기를 진하게 느껴봅니다.
그리고 할머니들이 오래도록 그 정자나무를 찾기를 바라는 마음으로
그들의 건강을 기원해 봅니다.

이웃과 인사를 나누어 본 적이 언제였던가요?
과거에는 '이웃사촌'이라는 말이 있을 정도로 이웃과 가깝게 지냈지만
요즘에는 옆집에 누가 사는지도 모르는 경우가 많습니다.
이웃끼리 서로 돕고 따뜻한 정을 나누며 살아간다면
사소한 시비로 일어나는 사회 문제들도 많이 사라지지 않을까요?

용서와 사랑

탈무드에 나오는 이야기입니다.

하루는 아버지가 아들에게 말했습니다.

"이웃집에 가서 낫을 좀 빌려오너라."

이웃집에 간 아들은 빈손으로 돌아왔습니다.

낫을 빌려주지 않았던 것입니다.

며칠 뒤, 그 이웃이 호미를 빌리러 왔습니다.

그러자 아버지는 호미를 챙겨주었습니다.

이웃이 가고 난 후 아들은 아버지에게 따져 물었습니다.

"아버지! 저 사람은 우리에게 빌려주지 않았는데,

우리는 왜 빌려주어야 하나요?"

아버지는 아들에게 이렇게 말했습니다.

"아들아! 이웃이 우리에게 빌려주지 않았다고 해서

우리도 똑같이 한다면 그것은 복수하는 것이란다.

이웃에서 빌려주지 않았지만, 그래도 우리는 빌려준다는 마음으로 빌려준다면 그건 증오하는 마음이란다.

하지만 상대방의 행동이 어떠했든지 상관없이 지난일은 잊어버리고

필요할 때 빌려주는 것은 용서와 사랑이란다."

복수와 증오는 끊임없는 관계의 단절을 만들어 냅니다.

그러나, 용서와 사랑은 새로운 관계를 만들어 냅니다.

용서와 사랑으로 화목한 이웃 관계를 만들어 가시기 바랍니다.

장애인과 함께하는 사회

나에게는 소아마비 장애를 가진 누이동생이 있습니다.

누이는 대학을 나왔으나 우리 사회에서는

뜻을 펼칠 수 있는 환경이 주어지지 않았습니다.

결국 가족들은 누이의 장래를 위하여 미국으로 이민을 갔습니다.

누이는 하워드라는 흑인 학교를 거쳐 존스 홉킨스 대학에서

컴퓨터 공부를 했습니다.

졸업 후에는 AT&T라는 젊은이들이 선호하는 통신 회사에 취직을 했습니다.

나는 누이의 노력에 감동을 받아 칭찬을 아끼지 않았습니다.

그러나 누이는 이렇게 말하였습니다.

"오빠, 내가 취직한 회사에서는 건강한 사람보다

장애인에게 우선권을 주었어요.

경중 장애인보다 중증 장애인에게 우선권을 주었구요.

또 미국에 온 지 얼마 안 되어 영어에 능숙하지 못한

장애인에게 가장 우선권을 주었어요."

누구나 몸과 마음의 자유는 존중받아야 한다고 생각합니다.

우리 사회에서 장애인들에게 주어지는 기회는 많지 않습니다.

장애인과 진정으로 함께하는 사회가 되기 위해서는

복지제도나 정책뿐 아니라 우리가 지니고 있는

불필요한 편견들을 버려야 할 것입니다.

인간의 존엄성을 먼저 생각하는 것,

그것이 국가를 성장시키는 원동력이 될 것입니다.

사랑은 실천입니다

미국의 부유한 가정에서 태어난 '제인 애덤스(Jane Addams)'는
의대에 다니던 시절, 척추에 병이 생겼습니다.
그녀는 의사의 권고로 휴양차 유럽을 여행하다가
런던의 빈민가를 지나게 되었습니다.
그곳에서 어려운 이들을 위해 봉사하는 사람들을 보고
자신이 살아왔던 풍족한 삶이 전부가 아님을 깨닫고 충격을 받게 됩니다.
그 후 미국으로 돌아온 그녀는 봉사의 삶을 살기로 결심하고,
빈민 복지 기관인 '헐 하우스'를 만듭니다.
그곳은 빈민들을 위한 탁아소이자 가출 소녀들을 위한 숙소로,
아이들에게 글을 가르치는 등 여러 가지 일들을 수행하였습니다.
이후 그녀는 당시 200만 명에 달하는 아동 노동자 문제를 해결하기 위해
백악관 아동 회의를 창설하기도 하는 등 현실적 변화를 위해 노력했습니다.
그녀는 1931년, 71세가 되던 해 미국 여성 최초로 노벨평화상을
수상하게 됩니다.

어려운 이웃에 관한 기사나 방송을 접하면

누구든 안타까운 마음을 갖기 마련입니다.

그러나 현실적으로 그들을 돕기 위해 나서는 사람은 그리 많지 않습니다.

사랑을 실천하는 데는 노력과 땀, 희생이 필요합니다.

그 노력과 땀이 나중에는 존경의 열매를 맺게 될 것입니다.

사탕 폭격기

제2차 세계 대전이 종결된 후인 1948년

소련에 의해 서베를린이 봉쇄되었을 때의 일입니다.

서베를린 시민들은 미국과 영국 등에서 수송기로 공수해 주는

물품으로 겨우 연명하고 있었습니다.

당시 공군 기지 주변에는 두려움과 굶주림으로 지친

수십여 명의 아이들이 있었습니다.

미 공군 파일럿 '게일 할비슨(Gale Harbison)' 대위는 아이들을

불쌍히 여겼으나, 당장 해줄 수 있는 게 아무것도 없었습니다.

그는 아이들에게 한 가지 약속을 했습니다.

"날개를 흔드는 비행기가 보이면, 활주로 끝에 모이렴.

사탕 주머니를 떨어뜨려 줄게."

대위는 막사에서 이들에게 줄 사탕 주머니를 정성스레 포장했고,

그가 출격할 때마다 활주로 끝에서는 사탕 폭격이 시작되었습니다.

이는 군법을 위반한 것으로, 그는 징계를 받기도 했습니다.

그러나 아이들에 대한 그의 사랑은 멈추지 않았으며
결국, 군 당국의 후원을 받아내게 되었습니다.
그로부터 50년이 지난 1998년, 대위의 사탕을 받았던 아이들은
그 고마움의 보답으로 헬보슨 대위를 독일로 초청했으며,
베를린 시의 어린이들에게 50년 전의 선행을 재연하는 행사를 가졌습니다.

법은 죄를 처벌하고 심판합니다. 잘못을 치료할 수는 없습니다.
사랑은 죄를 용서하고 잘못한 사람을 회복시켜줍니다.
사랑은 법보다 위에 있습니다. 사랑은 회복과 위로를 줄 수 있습니다.

승무원의 헌신

200여 명의 승객을 태운 스텔라호는 사우샘프턴을 출발하여
항해하다가 암초에 부딪혀 가라앉게 되었습니다.

배가 기우뚱하자 선실에 있던 여 승무원 로저스는 침착한 태도로
선실에 있던 승객들을 안심시킨 후 신속하게 갑판 위로 안내했습니다.

그녀는 구명대가 없이 우두커니 서 있는 한 부인을 발견하고는
재빨리 자신의 구명대를 건네주며 소리쳤습니다.

"서두르세요, 부인! 당신은 내 책임입니다. 한 사람도 빠져서는 안 됩니다."

로저스는 그 부인에게 구명대를 착용시킨 후 구명정으로 밀어 넣었습니다.

구명정 안은 인파로 가득 차 기우뚱거리고 있었습니다.

그녀는 구명정의 선원에게 소리쳤습니다.

"배가 꽉 찼어요. 내가 타면 가라앉고 말 거예요.

여러분 모두 무사하시길 빌겠어요!"

스텔라호는 승무원의 기도 소리와 함께 천천히 물 속으로 가라앉았습니다.

자신의 책임을 다한 승무원의 헌신으로 많은 사람들의 생명을 구할 수

있었습니다.

죽을지도 모르는 위험한 상황에 뛰어들어 다른 이를 구조한다는 것은
어지간한 용기와 사명감이 없으면 불가능합니다.
각자의 자리에서 사명감을 가지고 일하는 우리의 이웃들이 있기에
필요하거나 위급한 순간, 우리가 도움을 받을 수 있는 것입니다.

축복된 삶

'테'레사(Teresa)' 수녀가 미국을 방문했을 때의 일입니다.

한 여인이 테레사 수녀에게 찾아와 눈물을 흘리며 고민을 털어놓았습니다.

"제 삶은 너무 권태롭습니다. 인생의 의미를 느끼지 못하겠어요.

차라리 죽어 버리고 싶어요."

테레사는 그 여인에게 이렇게 말했습니다.

"제가 살고 있는 인도에 오시면 진정한 삶을 느낄 수 있을 것입니다.

죽기 전에 꼭 한번 와보세요."

그 후 여인은 인도에 가서 테레사 수녀를 찾았습니다.

그리고 그곳에서 굶어 죽어 가는 사람들,

질병으로 거동도 못한 채 앓고 있는 사람들,

하루에 한끼도 제대로 먹지 못하는 사람들,

도움의 손길이 필요한 많은 사람들을 만났습니다.

그 여인은 테레사 수녀와 같이 그들을 돕고 보살피는 일에

전념하기 시작했고, 그러다 보니 삶의 의욕이 생기기 시작했습니다.

자신을 위한 삶보다 남을 위해 봉사하는 삶은

무엇보다 가치 있으며 커다란 보람을 느낄 수도 있습니다.

또한 인생의 진정한 의미를 깨달을 수 있으며

새로운 기쁨과 능력을 경험하게 됩니다.

이러한 삶이 진정 축복된 삶인 것입니다.

국무장관의 배려

미국의 한 사업가가 호텔을 찾아가 투숙할 방을 요청하였습니다.

그런데 호텔이 만원이라 방을 얻지 못했습니다.

낙심한 표정으로 호텔 문을 나서려는 그에게 한 신사가 다가왔습니다.

그는 시간이 너무 늦어 지금은 어딜 가든지 방을 구할 수 없을 거라며

자신과 함께 방을 쓰는 것이 어떠냐고 물어왔습니다.

사업가는 그의 제안을 받아들이며 무척 고마워했습니다.

자신의 방을 제공한 신사는 잠자리에 들기 전에

사업가와 그의 사업을 위해 간절히 기도를 드렸습니다.

다음 날 아침 식사를 함께 한 그들은 서로 명함을 교환했습니다.

사업가가 받아 든 명함에는

'윌리엄 제닝스 브라이언(William Jennings Bryan)' 이라고 적혀 있었습니다.

"국무장관과 이름이 같군요?"

사업가가 신기한 듯 묻자 신사가 겸손하게 대답했습니다.

"네, 제가 바로 그 사람입니다."

남에게 베푸는 친절은 자신의 위치와 신분과는 관계가 없는 것입니다.
이웃이 도움을 필요로 할 때 베풀 줄 아는 것이 진정한 친절이겠지요.

봉사하는 대통령

제2차 세계 대전 때의 일입니다.

미국의 많은 젊은이들이 전쟁터로 가야만 했습니다.

영장을 받은 젊은이들은 큰 도시로 모여 기차를 타고 훈련소로 갔습니다.

워싱턴 기차 정거장에도 수백명의 장정들이 몰려들었고

시민들은 기차역에 나와서 그들의 편의를 도와주었습니다.

그 시민들 가운데 밤마다 늦게까지 다리를 절면서

뜨거운 코코아 잔을 쟁반에 들고 봉사하는 사람이 있었습니다.

어느 장정 하나가 그 노인을 자세히 보니 보통 사람이 아니었습니다.

그는 바로 미국의 32대 대통령인

'프랭클린 루스벨트(Franklin Delano Roosevelt)' 이었습니다.

그는 소아마비로 인해 다리를 절면서도 밤마다 기차 정거장에 나와

청년들에게 뜨거운 코코아를 나르며 봉사했던 것이었습니다.

이웃을 섬기는 일에는 위아래가 없는 법입니다.

루스벨트 대통령은 자신의 지위와 상관없이
섬김으로서 사랑을 실천했습니다.
또한 말없이 행한 그의 선행은 말로만 외치는 선행보다
청년들에게 훨씬 더 큰 귀감이 되었습니다.

3초의 여유

엘리베이터를 탔을 때
'닫기' 버튼을 누르기 전에 3초만 기다려 주세요.
누군가가 정말 다급하게 오고 있을지도 모르니까요.

출발 신호가 떨어졌는데 앞 차가 그대로 서 있어도
경적을 울리지 말고 3초만 기다려 주세요.
그 사람은 인생의 중요한 기로에서 갈등하고 있는지도 모릅니다.

차 안에서 고개를 내밀다가 한 아이와 눈이 마주쳤을 때
그 아이에게 3초만 손을 흔들어 주세요.
그 아이가 크면 분명 내 아이에게도 그리 할 것이니까요.

친구와 헤어질 때
그의 뒷모습을 3초만 바라봐 주세요.

행여 가다가 뒤돌아봤을 때 환하게 웃어줄 수 있을 것입니다.

아내가 화가 나서 잔소리를 하더라도
3초만 미소 지으며 들어주세요.
저녁엔 넉넉한 웃음이 밥상 가득 피어오를지도 모릅니다.

'빨리빨리' 를 외치며 성급하게 살아가는 요즘 시대에
단 3초간만이라도 여유를 갖고 살아가는 게 어떨까요?
3초는 짧은 시간이지만 우리가 사는 세상을
아름답게 변화시킬 수도 있는 시간입니다.
고개를 돌려 이웃을 바라볼 줄 아는 여유를 가져봅시다.

웰링턴과 탈영병

나폴레옹군을 워털루에서 격파한 것으로 유명한
영국의 '웰링턴(Arthur Wellesley Wellington)' 제독에게
어느날 골치 아픈 일이 생겼습니다.

병사 한 명이 상습적으로 탈영을 하는 것입니다.

결국 군법대로 사형 선고를 내리기 직전에 웰링턴은 말했습니다.

"나는 너의 나쁜 행동을 고치기 위해 직접 교육한 적도 있었다.

채찍을 들기도 하고, 처벌과 힘든 노동을 시켜보기도 했다.

갖은 노력을 다했는데도 너는 단 한 번도 반성하지 않았고,

새롭게 변하지 않았다.

이제 군법에 따라 처형할 수밖에 없다."

그때 옆에 있던 장교 한 명이 다가와 이렇게 말했습니다.

"제독께서는 이 병사를 위해 할 수 있는 일을 다해보았다고 하셨는데
아직 한 가지 시도하지 않은 것이 있습니다."

"그게 무엇인가?" 제독이 물었습니다.

"그것은 바로 용서입니다."

한참을 생각하던 제독은 병사를 용서해 주었습니다.

그리고 그 병사는 두 번 다시 탈영하지 않았습니다.

정의의 이름으로 내려지는 처벌은 사람을 변화시킬 수는 없습니다.

진정으로 사람을 변화시키는 힘은 바로 '용서' 입니다.

일흔 번씩 일곱 번이라도 용서하라고 말씀하신 예수님의 말씀을

기억하며 용서로 새로운 변화와 회복을 만들기 바랍니다.

오드리 헵번의 마지막 편지

1993년 오드리 헵번은 64세의 나이로 세상을 떠났습니다.
그녀는 연예계를 일찍 은퇴하고 두 아들과 함께 살았으며
말년에는 유니세프 친선 대사로 활동하면서 아프리카에서
굶주림과 병으로 죽어가는 아이들과 함께하는 모습으로
많은 이들에게 감동을 선사해 주었습니다.
생을 마치기 전, 그녀가 아들에게 보낸 마지막 편지에는
그녀의 진심 어린 마음이 담겨 있습니다.

'아름다운 입술을 가지고 싶으면 친절한 말을 해라.
사랑스러운 눈을 갖고 싶으면 사람들에게서 좋은 점을 보아라.
날씬한 몸매를 갖고 싶으면 너의 음식을 배고픈 사람과 나누어라.
아름다운 머리카락을 갖고 싶으면 하루 한 번 이상
어린이가 손으로 네 머리를 쓰다듬게 해라.
네가 더 나이가 들면 손이 두 개라는 걸 발견하게 될 것이다.

한 손은 너를 위한 손이고, 다른 한 손은 다른 사람들을 위한 손이다.'

그녀가 세상을 떠난 후, 많은 세월이 흘렀지만
여전히 많은 사람들이 그녀를 기억하며 그리워하고 있습니다.
그녀가 이처럼 많은 사람들의 기억 속에 남아 있는 이유는
아름다운 외모만큼이나 아름다운 마음을 지녔기 때문입니다.
우리는 무엇을 남기고 가야 할까요?
많은 사람들이 사랑의 흔적을 남기는 세상을 소망해 봅니다.

표정근

우리의 얼굴에는 30여 개의 섬세한 근육이 있어

희로애락의 미묘한 감정을 연출해 낸다고 합니다.

'표정근' 이라 불리는 이 근육은 감정 표현과 의사소통을 위해 진화했습니다.

복잡한 사고와 정서의 변화를 보여주기 위해 얼굴 근육이 발달한 것입니다.

하지만 표정근의 운동 능력은 사람마다 많은 차이가 있습니다.

감정 표현이 적극적인 사람은 표정근이 발달되어 있는 반면,

그렇지 않은 사람은 표정근의 운동 능력이 떨어집니다.

그리고 표정근은 나이가 들면서 점차 퇴화한다고 합니다.

감정 표현도 어려워지고, 근엄한 얼굴로 바뀌며

점차 '데스 마스크(death mask)' 로 변해갑니다.

노래 못하는 음치처럼 표정이 무뎌져 버린

'표정치' 가 되어 버리는 것입니다.

표정치의 얼굴은 어둡고 딱딱하고, 늙어 보입니다.

이런 얼굴에는 누군가 쉽게 말을 붙이기가 어렵습니다.

밝고 경쾌한 인상을 선호하는 사회생활에도 지장을 주게 됩니다.

매일 조금씩이라도 시간을 투자해, 입 끝을 올리며

표정 근육 운동을 해보십시오.

표정근이 발달하면 얼굴에 생기가 돌고 인상이 부드러워집니다.

기분 좋아서 웃는 것이 아니라 웃기 때문에

기분이 좋아진다는 말이 있습니다.

미소는 스트레스를 높이는 호르몬을 낮추며,

건강하고 행복한 삶을 만들어 줍니다.

오늘, 여러분의 이웃에 건강하고 행복한 삶을 만드는

미소 바이러스를 퍼뜨려 보는 건 어떨까요?

강도와 신경통

소설가 '오 헨리(O Henry)'의 단편 중에
'강도와 신경통' 이라는 이야기가 있습니다.

어느 집에 강도가 들었는데, 부스럭거리는 소리에
잠에서 깬 주인에게 들키고 말았습니다.
강도는 주인에게 총을 겨누고 소리쳤습니다.
"손 들어!"
주인은 왼손만 번쩍 들어 올렸습니다.
"왜 한 손만 드는 거지? 오른손도 들어!"
주인은 강도에게 자초지종을 설명했습니다.
"저는 신경통이 심해서 오른팔이 거의 마비되었습니다.
아무리 들려고 해도 들 수가 없습니다. "
그런데 이 말을 들은 강도가 갑자기 총을 내려놓더니
주인에게로 다가와 이렇게 말합니다.

"사실 나도 신경통 때문에 이 짓을 하고 있소.
낮에는 일을 하지 못하고 밤이면 온몸이 쑤셔서 잠을 잘 수가 없어
결국 총을 들고 이렇게 강도 짓밖에 할 수가 없었다오."
이렇게 시작된 대화는 서로의 아픔을 털어 놓으면서
날이 밝을 때까지 계속되었다고 합니다.

다른 사람과 나의 동질성을 인식하는 순간,
이미 마음 속으로는 친구가 됩니다.
특히 서로의 아픔을 같이 나누는 것은 큰 위로가 됩니다.
기쁨은 나눌수록 더욱 커지지만 고통은 나누면 반으로 줄게 됩니다.

의료선 유트란디아

한국전쟁 당시 20여 개국이 연합군에 참가해 한국을 도왔습니다.

그중에서 덴마크는 유일하게 의료선을 통해 의료 지원을 한 국가였습니다.

덴마크는 1951년 3월, 의사와 간호사 등을 태운

의료선 '유트란디아(Jutlandia)'를 한국에 파견했습니다.

단 한 척의 배였지만 '유트란디아'의 활약은 대단했습니다.

가장 많은 의료 지원 인력이 투입되었고

3년 정도의 파병 기간 동안 약 5천여 명의 부상병들을 치료했으며

병원선에서 사망한 인원이 30명이 채 되지 않을 정도로

훌륭한 의술과 정성 어린 간호 활동으로 많은 헌신을 하였습니다.

연합군에 소속되어 있다는 이유로 민간인 치료는 허가되지 않았으나,

'유트란디아'의 함장은 연합사령부를 설득해 민간인 치료를 허가받았습니다.

그래서 만여 명이 넘는 민간인을 치료하고 수많은 전쟁 고아들을 돌보는 등,

참혹한 전쟁으로 상처받은 한국인들에게 큰 위로가 되었습니다.

전쟁 후에는 '유트란디아'의 정신을 이어가고자

덴마크, 노르웨이, 스웨덴 3국이 한국에 대형 병원을 세웠습니다.
1968년, 이들은 병원을 한국 정부에 기증하고 떠났고,
이 병원이 국립의료원의 시초가 되었습니다.

참혹한 전쟁 속에서도 사랑으로 아픔을 치료해 준
외국인 이웃들이 있었습니다.
이제 우리가 '유트란디아'의 정신을 이어받아
어려운 이웃의 아픔을 치료해 주어야 할 것입니다.

아이를 위한 소원

'헤르만 헤세(Hermann Hesse)' 의 단편집
「어거스터스」에 나오는 이야기입니다.

오랫동안 아이가 없던 부부에게 아들이 태어났습니다.

부모는 아들의 이름을 '어거스터스' 라고 지었습니다.

어느 날 신비한 노인이 나타나서 말했습니다.

"이 아이를 위해서 한 가지 소원을 들어주겠다. 소원이 무엇이냐?"

아이의 어머니는 곰곰이 생각한 끝에 말했습니다.

"이 아이가 모든 사람들에게 사랑을 받으며 살 수 있게 해주십시오."

아이는 자라면서 주위 사람들로부터 극진한 사랑을 받았습니다.

그러나 어른이 되어갈수록 점점 교만해지고

이기적인 성격으로 변했습니다.

사랑만 받고 베풀지는 못하는 이기적인 사람이 되고 만 것입니다.

결국 그는 주위 사람들에게 버림받아 외롭고 비참한 말년을 보내야만 했습니다.

어느 날 그 신비한 노인이 그의 앞에 나타났습니다.

"네 소원이 무엇이냐? 한 가지만 더 들어주겠다."

늙은 어거스터스는 조금도 주저하지 않고 말했습니다.

"모든 사람들을 사랑하면서 사는 사람이 되게 해주십시오."

부모라면 누구나 내 자식이 많은 사람들에게 사랑을 받으며 자라길 바랍니다.

그러나 사랑은 내 안에 있는 것을 버리고 나누고 베풀수록

더 많이 채워지는 아주 특별한 성질을 지니고 있습니다.

사랑의 본질은 받는 것이 아니라 주는 것입니다.

우리 자녀들이 잘되기 위해서는 먼저 남에게 베풀 줄 알고

배려할 줄 아는 습관을 길러야 합니다.

헨리 이야기

'해리슨 포드(Harrison Ford)' 가 주연한 영화 '헨리 이야기' 는
1992년에 우리나라에서 개봉되었습니다.

이 영화는 미국 상류층에 속한 '헨리 터너' 라는
변호사의 실화를 바탕으로 만들어졌습니다.

헨리는 주어진 사건이라면 무슨 수를 써서라도
이기고 마는 실력 있는 변호사입니다.

많은 사람들은 재판에서 이기기 위해 그를 찾아갔습니다.

어느 늦은 밤, 집으로 돌아가던 그는 강도의 총에 맞고 쓰러집니다.

간신히 생명은 구했지만, 기억상실증에 걸리고 맙니다.

그는 예전에 자신이 했던 변론 기록들을 보면서
기억을 찾으려고 안간힘을 씁니다.

재판 기록들을 살펴보던 그는
자신이 많은 사건에서 승소할 수 있었던 이유가
재판에서 이기기 위해 사실을 조작했기 때문임을 알게 됩니다.

크게 뉘우친 헨리는 재판에 패소한 피해자들을
찾아다니며 용서를 구합니다.

죽음의 순간은 누구에게나 언제든지 닥쳐올 수 있습니다.
그때가 되어 후회하지 않도록 주위의 이웃을 돌아보고
진실된 삶을 살 수 있도록 노력해야 할 것입니다.

중양절의 유래

중양절은 중국에서 유래한 명절로 매년 음력 9월 9일을 말합니다.
우리나라에는 신라 때 전해졌으며, 지금은 사라져 버린 옛 명절입니다.
중양절의 유래는 다음과 같습니다.

중국 후한 때 환경이라는 사람이 있었습니다.
하루는 비장방이라는 도사가 환경을 찾아가 말했습니다.
"음력 9월 9일에 이 마을에 큰 재앙이 있을 것이니
식구들과 산에 올라 국화주를 먹으면 화를 면할 수 있다."
환경은 그가 시키는 대로 식구들을 데리고 산에 올랐다가
저녁이 되어 집에 돌아오니 키우던 가축들이 모두 죽어 있었습니다.
이후로 중양절이 되면 산에 올라가 국화주를 마시며
즐겁게 하루를 보내는 풍습이 생기게 된 것입니다.
중양절에는 결혼이나 집안 잔치를 벌이는 것을 금했다고 합니다.
모두가 함께 즐기는 날에 자신의 집 잔치로

이웃의 즐거움을 망쳐선 안 된다는 불문율이 있었기 때문입니다.
잊혀져 가는 세시 풍속에도 선조들의 배려와 나눔의 의미는 남아
있습니다.

지금은 잊혀진 중양절이지만
모두가 함께 순수하게 기쁨을 나누고자 했던 선조들의 배려와
이웃 사랑의 마음은 계속해서 우리 곁에 남았으면 좋겠습니다.

우츄프라카치아

'우츄프라카치아(UcuPraCacia)'는

아프리카의 깊은 밀림에 사는 식물입니다.

이 식물은 매우 독특한 습성이 있습니다.

다른 생물체가 조금이라도 자기의 몸을 건드리면

그날로부터 시름시름 앓다가 결국엔 죽고 마는 것입니다.

이 사실을 알게 된 사람들은 결벽증이 심한 식물이라고 생각했습니다.

그러나 이 식물을 연구하던 과학자에 의해 놀라운 사실이 발견되었습니다.

어제 건드렸던 그 생물체가 내일도 모레도 계속해서

건드려 주면 죽지 않고 생존할 수 있다는 것입니다.

아프리카의 깊은 밀림에서 공기 중에 있는 소량의 물과

햇빛으로만 사는 우츄프라카치아,

지나친 결벽증을 상징한다고 생각했던

이 식물은 오히려 한없이 고독한 식물이었나 봅니다.

현대인들의 고독지수가 날로 높아지고 있으며 자살률도 높아만 갑니다.

우츄프라카치아와 같은 사람들이

우리 주변에는 없는지 돌아봐야 할 때입니다.

우리의 지속적인 관심과 애정이 우리 사회의

우츄프라카치아를 살릴 수 있습니다.

사랑 우표

1973년에 미국에서 '사랑 우표'가 발행되었습니다.
이 우표는 10년 동안 3억 3천만 매가 팔려
역사상 최대의 판매량을 기록했습니다.
'사랑 우표'라는 독특한 이름으로 인기를 얻었다고 합니다.
이는 많은 사람들이 사랑을 좋아하기 때문이기도 하지만,
역설적으로 사랑에 목말라 있다는 뜻이기도 합니다.
최근 젊은이들의 결혼에 대한 의식을 살펴보면
사랑보다도 조건을 우선시하는 경향이 강하게 나타납니다.
뿐만 아니라 가족관계에 있어서도 금전적인 가치가
가족 구성의 필수요건이 되고 행복의 척도가 되고 있습니다.

진정한 행복은 어디서 오는 것일까요?
돈과 명예와 권력은 행복을 위한 부수적인 조건입니다.
인간의 고독과 공허를 대신할 수 있는 것은 없습니다.
헌신적인 사랑만이 인간의 문제를 치료할 수 있습니다.
희생적인 사랑만이 세상을 아름답게 만들 수 있습니다.

위대한 승리

20세기 후반, 세계적으로 인종 차별이 점차 사라지는 시기였지만

남아프리카공화국만은 여전히 심했습니다.

흑인들은 마음대로 음식을 사먹거나 거주지를 옮길 수도 없었고,

투표를 하거나 정치적 발언을 하는 건 더더욱 어려웠습니다.

흑인 인권 운동가였던 '넬슨 만델라(Nelson Mandela)'는

이러한 인종 차별에 저항하다

종신형을 선고받고 27년간 복역했습니다.

1990년 만델라가 감옥에서 나오자 세계 언론과 남아공의 흑인 사회는

백인 정부에 대한 그의 분노의 목소리를 기대했습니다.

그러나 만델라는 "잊지 말자, 그러나 용서하자."라는 말로

백인 사회에 화해의 손길을 내밀었습니다.

그리고 '드 클러크(FW. de Klerk)' 백인 대통령과 함께

인종 차별에 관한 법을 없애고

흑인들의 투표권을 얻어내는 등 계속해서 용서와 화해의 운동을

펼쳤습니다.

이러한 공로로 1993년에 만델라와 드 클러크는 함께
노벨평화상을 받았습니다.

차기 대통령이 된 만델라는 전직 대통령 드 클러크를
부통령으로 지명했습니다.

나에게 칼을 던진 자에게 용서와 화해의 손길을 내미는 용기가
가장 위대한 용기입니다. 인류의 오래된 갈등과 전쟁은
오직 용서와 화해만으로 해결될 수 있습니다.
용서와 화해의 가치로 세상에 행복이 깃들길 기원해 봅니다.

증오가 남긴 것

노벨문학상을 수상한 스페인의 작가
'까밀로 호세 셀라(Camilo José Celay Trulock)'의
「파스꾸알 두아르떼의 가족」이라는 소설의 내용입니다.

스페인의 어느 시골에 파스꾸알이라는 젊은이가 살고 있었습니다.
엽총 사냥을 하던 그는 어느 집 개가 자신을
쳐다보면서 짖자 화가 나 그 개를 엽총으로 쏴 죽입니다.
얼마 후, 결혼도 하고 아이도 가졌지만 그 행복도 오래가지 않았습니다.
말을 타고 외출한 아내가 낙마하는 사고를 당한 것입니다.
아내는 유산을 하게 되었고, 화가 난 파스꾸알은
그 자리에서 칼을 들어 말을 죽이고 말았습니다.
파스꾸알은 시내에서 아내와 여동생을 희롱하는 건달들과 싸우다가
한 사람을 죽이게 되고, 그 일로 10년이 넘게 감옥 생활을 합니다.
증오와 복수심으로 하루하루를 보내다 출소했으나
아내는 동네 건달과 가출해 버리고 없었고,

늙은 어머니만이 텅 빈 집에서 아들을 기다리고 있었습니다.
파스꾸알은 증오로 가득 찬 가슴을 억누르지 못하고
어머니마저 목을 졸라 살해하고 맙니다.
작가는 이 소설에서 현대인의 정신적 공황 상태를 고발하고 있습니다.

증오는 나와 다른 이의 삶을 모두 파괴하는 무서운 힘입니다.
용납하고 용서하는 길만이 파멸을 막는 유일한 길입니다.
증오를 넘어서는 용서와 화해는 모두가 행복할 수 있는 길입니다.

유일한 유언장

유한양행 창업자인 고 유일한 박사는 가장 존경받는 기업인으로 꼽힙니다.
그가 1971년 봄, 76세를 일기로 생을 마감하면서 가족에게 남긴
유언장의 내용은 다음과 같습니다.

- 손녀에게는 대학 졸업 시까지 학자금 1만 불을 준다.
- 딸에게는 유한공고 안에 있는 묘소와 주변 땅 5천 평을 물려준다.
  그 땅을 유한동산으로 꾸미고, 결코 울타리를 치지 말고 학생들이
  마음대로 드나들게 하라.
- 내 명의의 주식은 전부 '한국 사회 및 교육신탁기금'에 기증한다.
- 아내의 노후는 딸이 책임지고 돌보아주기 바란다.
- 아들은 대학까지 졸업시켰으니 앞으로는 자립하여 살아가거라.

생전에도 여러 가지 사회 사업과 투명한 경영으로 존경받았던 유일한 박사는
마지막 유언을 통해 자신의 경영 철학을 가족과 회사가 이어가도록 했습니다.
실제로 유일한 박사의 딸은 20년 뒤 세상을 떠나면서

아버지가 남겨준 마지막 재산마저 사회에 환원하였습니다.

나눔이 당연시되고 나눔의 가치가 교육의 큰 틀로 자리 잡을 때,

우리 사회가 좀 더 아름다워지지 않을까요?

유일한 박사의 유언이 우리 삶에 적용되고,

훗날 우리의 유언이 되기를 소망합니다.

대가를 바라지 말 것

중국 전국시대, 제나라의 재상이었던 맹상군은 인재들을 좋아해서
많은 식객들을 두고 있었습니다.

그가 제나라 왕의 신임을 잃고 재상 자리에서 물러나자,

그 많던 식객들이 썰물처럼 빠져나가 버렸습니다.

맹상군이 다시 재상 자리에 오르자 식객들이 다시 되돌아왔습니다.

맹상군은 화를 참지 못했습니다.

"일찍이 그들에게 먹을 것과 입을 것을 마련해 주며 은혜를 베풀었거늘,

내가 자리에서 쫓겨나자 하루아침에 다 떠나갔다가

복직을 하니 다시 돌아온 것이오? 다시는 그들을 보고 싶지 않소!"

이때 풍환이란 사람이 그를 달래며 이렇게 말했습니다.

"아침에 시장가는 사람들을 보십시오. 새벽같이 성문 안으로 들어가지만

날이 저물면 다 떠나고 썰렁해집니다.

그것은 사람들이 아침을 좋아하고 저녁을 싫어해서가 아니라

저녁 시장에서는 구할 물건이 없기 때문입니다.

군께서 자리를 잃었을 때 사람들이 떠나간 것도 마찬가지입니다.
당연한 일이니 부디 예전처럼 그들을 대우하십시오."

사람의 관계는 누구나 필요할 때 가까워 지고
필요없을 때 멀어지기 마련입니다.
이웃에 대가를 기대하지 말고 내가 베풀 수 있을 만큼만
베풀어야 합니다.
"내가 이렇게 해줬는데 니가 감히?" 라고 생각하는 마음은
나에게 손해입니다.
아무것도 바라지 않는 마음으로 베푸는 것,
그것이 진정한 사랑의 실천입니다.

주는 기쁨

1900년 '에비슨(Avison, O.R.)' 박사는 미국 카네기 홀에서 열린
만국 선교 대회에서 한국의 의료 사업에 대해 보고하면서
가난한 한국인들을 치료할 수 있는 큰 병원이 필요하다고 역설하였습니다.
그 이야기를 들은 미국의 세브란스라는 한 사업가가
선뜻 병원 건립 비용을 지원하였습니다.
그는 한국에 가본 적도 없었고, 한국에 대해 들은 적도 없었음에도
아무런 조건 없이 병원을 짓는 데 필요한 모든 비용을 지원했습니다.
그 결과 오늘의 세브란스 병원이 생기게 되었습니다.
세브란스 병원 앞뜰에는 그의 동상이 세워져 있고,
그 밑에는 이런 글이 새겨져 있습니다.
"도움을 받는 당신의 기쁨보다 도움을 주는 나의 기쁨이 훨씬 더 큽니다."
이 말은 세브란스가 에비슨 박사에게 병원 설립 비용을 주면서 한 말입니다.
세브란스는 세상을 떠나고 없지만, 그 이름은 아직까지도 남아 있습니다.

세계적인 의료 수준을 가진 세브란스 병원도 그 시작은 기부였습니다.

우리는 흔히 받는 기쁨보다 주는 기쁨이 더 크다고 말하지만,

현대의 각박한 세태 속에서 이웃에게 베푸는 것은 쉬운 일이 아닙니다.

받는 것보다 주는 삶을 사는 사람들의 모습은

오래도록 사람들의 마음속에 기억됩니다.

넉넉하지는 않아도 콩 반쪽이라도 나누는 심정으로

다른 이에게 베푸는 하루를 보내는 것은 어떨까요?

작은 관심

중학생인 '마크'가 수업을 마치고 집으로 돌아가는 길이었습니다.
앞서 가던 한 소년이 발을 헛디뎌 넘어지면서 손에 들고 있던
책과 두 벌의 스웨터, 야구 글러브와 방망이, 작은 카세트 등을
바닥에 떨어뜨렸습니다.
마크는 얼른 달려가서 그 소년이 물건을 줍는 걸 도와주었습니다.
마침 집으로 가는 방향이 같았기 때문에 소년의 짐을 나눠 들었습니다.
함께 걸어가면서 그 소년의 이름이 '빌'이라는 것을 알았습니다.
또한 비디오게임과 야구, 역사 과목을 좋아하며
다른 과목은 점수가 형편없다는 것도 알게 되었습니다.
그리고 며칠 전에 여자 친구와 헤어져
심한 마음의 상처를 받았다는 사실도 알았습니다.
그 후, 둘은 학교에서 종종 만나 점심 식사도 같이 하였고,
고등학교도 같은 학교에 다니게 되었습니다.
고등학교 졸업을 한 달 정도 앞둔 어느 날, 빌이 마크의 교실로 찾아왔습니다.

그리고 여러 해 전, 그들이 처음 만났을 때의 얘기를 꺼냈습니다.

"그날 내가 왜 그 많은 물건들을 집으로 갖고 갔는지 아니?
그때 난 학교 사물함에 있는 내 물건들을 전부 꺼내온 거였어.
누군가에게 내 물건들을 남기고 싶지 않았거든.
난 어머니가 복용하던 수면제들을 몰래 훔쳐서 모아놓았었어.
집으로 돌아가는 대로 그걸 먹고 자살할 생각이었지.
그런데 너와 웃고 대화하는 사이에 생각이 달라졌어.
마크, 넌 내 생명을 구한 거야."

우리의 작은 관심이 이웃의 생명을 살릴 수 있고
따뜻한 세상을 만들 수도 있습니다.
주변의 이웃을 둘러보세요.
당신의 따뜻한 미소를 기다리는 누군가가 있을 것입니다.

소록도의 어머니

전남 고흥군 도양읍에는 나병 환자들의 거주지인 소록도가 있습니다.

그곳에서 40년이 넘게 사랑과 봉사를 베풀었던 오스트리아 수녀

'마리안느 스퇴거(Marianne Stoger)' 는

그곳 사람들에게 '소록도의 어머니' 라고 불립니다.

1962년, 간호학교를 졸업한 20대 후반의 그녀는

소록도 병원에 간호사가 필요하다는 소식을 듣고

머나먼 한국 땅을 찾았습니다.

환자들은 처음에는 외국인인 그녀를 환영하지 않았습니다.

그러나 일그러진 상처, 피 묻은 걸레를 두려워하지 않고,

맨손으로 약을 바르는 등의 정성 어린 간호에

환자들의 마음이 움직이기 시작했습니다.

환자들은 하나둘 마음을 열기 시작했고,

그녀를 소록도의 어머니라 부르게 되었습니다.

1994년, 오스트리아 정부에서 그녀에게 훈장을 주겠다고 했으나,

“환자를 돌볼 시간도 부족한데 훈장까지 받으러 갈 시간이 없습니다.”
라고 말하며 거절하였습니다.
이에 오스트리아 정부는 대사를 직접 소록도까지 보내
훈장을 전달하였다고 합니다.

꽃다운 나이로 이역만리 낯선 곳에서
평생을 보낸다는 것은 결코 쉽지 않습니다.
더구나 의료인들조차 꺼려 하는 한센인들과 함께
생활하며 봉사하는 것은 더욱 어려운 일입니다.
그녀의 소록도 사랑은 어머니의 사랑처럼 한없이 넓고 큽니다.
그녀는 진정 이웃에 대한 조건 없는 사랑을 우리에게 보여주었습니다.

소년의 꿈

불행한 가정환경에서 자란 한 소년이 있었습니다.

자살 미수와 우울증으로 정신병원에 입원한 소년은

병원의 권위적이며 삭막한 분위기에 큰 상처를 받아

나중에 의사가 되어 환자들의 친구가 되어주리라 다짐했습니다.

그 후 버지니아 의과대학에 입학한 그는 환자들을 위해

새빨간 광대 코를 달고 광대놀이를 하거나

코믹한 이야기로 웃음을 터뜨리게 하는 등

환자들의 마음까지 치유하려고 노력했으며,

실제로도 놀라운 회복력을 체험했습니다.

1971년 그가 세운 '게준트하이트(독일어로 '건강'을 의미)' 진료소는

웃음 치료, 왕진 위주, 가정 진료를 목표로 하는 병원이 되었고,

12년 동안 1만 5천여 명의 가난한 환자들을 무료로 치료해 주었습니다.

그의 이름은 '헌터 도허티 아담스(Hunter Doherty Adams)'로,

의사이면서 웃음 치료사로도 유명한

그의 진료 방식과 병원 이름은 미국 전역에 널리 알려졌습니다.

그의 삶은 로빈 윌리엄스가 주연한

'패치 아담스(1999년)' 라는 영화로 만들어졌습니다.

즐거움은 환자의 면역력을 높여 질병을 이길 힘을 줄 뿐 아니라

삶에 대한 의욕을 불러일으키기도 합니다.

진정한 치유는 마음에서부터 시작해야 합니다.

'행복하기 때문에 웃는 것이 아니고

웃기 때문에 행복하다' 라는 말이 있습니다.

우리의 삶에서도 늘 이 말을 기억하면 좋겠습니다.

나는 영원히 살 것입니다

나의 주치의가 언젠가 나의 뇌 기능이 정지했다고 말해줄 것입니다.

그때가 되면 나의 침상을 죽은 자의 것이 아닌,

산 자의 것으로 만들어 주십시오.

나의 눈은, 해 질 녘 노을을, 천진한 어린이들의 얼굴을,

여인의 눈동자 안에 감춰진 사랑을

한 번도 본 일이 없는 사람에게 주십시오.

나의 심장은, 끝이 없는 고통으로 아파하는 사람에게 주십시오.

나의 뼈와 근육의 섬유와 신경은,

다리를 저는 아이에게 주어 그 아이가 걸을 수 있게 하십시오.

나의 뇌 세포로, 말 못하는 소년이 함성을 지르게 하시고

듣지 못하는 소녀가 그녀의 창문에 부딪히는

빗방울 소리를 듣게 하여 주십시오.

그리고 남은 것들이 있다면 다 태워 그 재를

들꽃이 무성히 자라도록 바람에 뿌려 주십시오.

당신이 나의 무언가를 묻고 싶거든

나의 실수, 나의 편견, 나의 죄악들을 물어주십시오.

우연한 기회에 나를 기억하고 싶다면

당신이 필요할 때 했던 나의 친절한 행동과 말만을 기억해 주십시오.

내가 부탁한 이 모든 것들을 지켜준다면 나는 영원히 살 것입니다.

– '로버트 N. 테스트(Robert N. test)'의 시 중에서

가족도 아닌, 이웃을 위해 희생하는 것은 결코 쉬운 일이 아닙니다.

그럼에도 불구하고 세상에는 희생에 관한 많은 이야기가 있습니다.

수많은 희생 중에도 자신의 장기를

남에게 기증하는 것만큼 고귀한 희생은 없을 것입니다.

이웃의 꺼져가는 생명을 살리는 아름다운 일이기 때문입니다.

그린치는 어떻게 크리스마스를 훔쳤을까?

'20세기의 안데르센' 이라 불릴 정도로 인기가 많은

미국의 동화 작가 '닥터 수스(Dr. Seuss)' 는 1957년에

크리스마스를 배경으로 한 동화 한 편을 발표했습니다.

동화의 제목은 '그린치는 어떻게 크리스마스를 훔쳤을까?' 입니다.

주인공 그린치는 초록빛의 못생긴 괴물입니다.

남들과 외모가 다르다는 이유로 사람들의 미움을 받게 되어,

마을에서 떨어진 동굴에 혼자 살았습니다.

1년 중 가장 큰 축제인 크리스마스를 앞두고

마을 사람들은 선물을 준비하느라 바쁜 하루를 보냅니다.

심술궂은 그린치는 크리스마스를 망치기 위해

마을 사람들이 준비한 선물을 모두 훔쳐가 버립니다.

마을 사람들은 슬퍼하는 것도 잠시,

선물에 집착한 나머지 그동안 깨닫지 못했던

가족의 의미를 되새기게 됩니다.

선물보다 더 중요한 것이 무엇인가를 깨닫게 된 것입니다.

그린치는 선물 없이도 크리스마스가 즐거운 축제라는 사실,

즉 크리스마스가 그 자체로 행복이라는 사실을 깨닫고

사람들에게 선물들을 모두 돌려줍니다.

닥터 수스는 짧은 동화 속에

진정한 크리스마스의 의미를 담고자 했습니다.

1950년대 미국에서는 여전히 인종 차별과 빈부 격차가 심했습니다.

작가는 동화를 통해 상업적으로 변질된 크리스마스와

누가 제일 값비싼 선물을 받았는지가 가장 큰 관심사가 되는

현실을 꼬집었습니다.

어린 시절 우리에게 산타클로스는 값비싼 선물이나 돈이 아니라

걸어놓은 양말 한 짝에 담긴 마음이었습니다.

진정한 선물은 마음에서 우러나온 것이어야 합니다.

물질이 마음보다 우선되어서는 안 됩니다.

따뜻한 마음은 마주 잡은 손과 다정한 눈빛으로도 느낄 수 있습니다.

LA 노숙자들의 Mama

미국의 로스앤젤레스에서는 일흔이 넘은
'글로리아 김(Gloria Kim)' 여사가
20년이 넘게 4만 명의 노숙자들을 위해
매일매일 음식과 의복을 나눠주고 있습니다.
부유한 도시에서 미국인들도 꺼려하는 노숙자들을 위해
하루도 빠짐없이 기도와 음식으로 봉사하고 있는 것입니다.
그녀는 집을 잃은 가장, 마약 중독자나 알코올 중독자,
또는 배고픔에 서러워하는 모든 이들을 위해
기도하고 따스한 손길로 안아줍니다.
그녀의 손길을 받는 노숙자들은 모두 그녀를 'Mama' 라고 부릅니다.
가족도, 이웃도, 정부조차 버린 그들에게
그녀는 유일한 가족인 것입니다.
'Mama' 를 아는 LA의 노숙자들은
모두 같은 엄마를 둔 가족으로 생각합니다.

진정한 사랑을 베푸는 한 사람으로 인해

인종과 출신을 불문하고 모두가 가족이 된 것입니다.

불을 붙이기 위해서는 성냥 한 개비가 필요하지만,

일단 불이 붙고 나면 나무나 산을 태울 정도로 큰불이 됩니다.

우리 주변에는 가난하고 소외된 이웃이 너무 많습니다.

한 사람이 시작한 일이 수많은 노숙자들을 살렸듯이,

우리도 따스한 손길을 내밀어 보는 것이 어떨까요?

우리의 손길이 모여 큰불이 되면, 따스한 사회를 만들 수 있지 않을까요?